华章IT
HZBOOKS | Information Technology

区块链
技术丛书

区块链项目开发指南

[印度] 纳拉扬·普鲁斯蒂（Narayan Prusty）◎著
朱轩彤 闫莺 董宁◎译

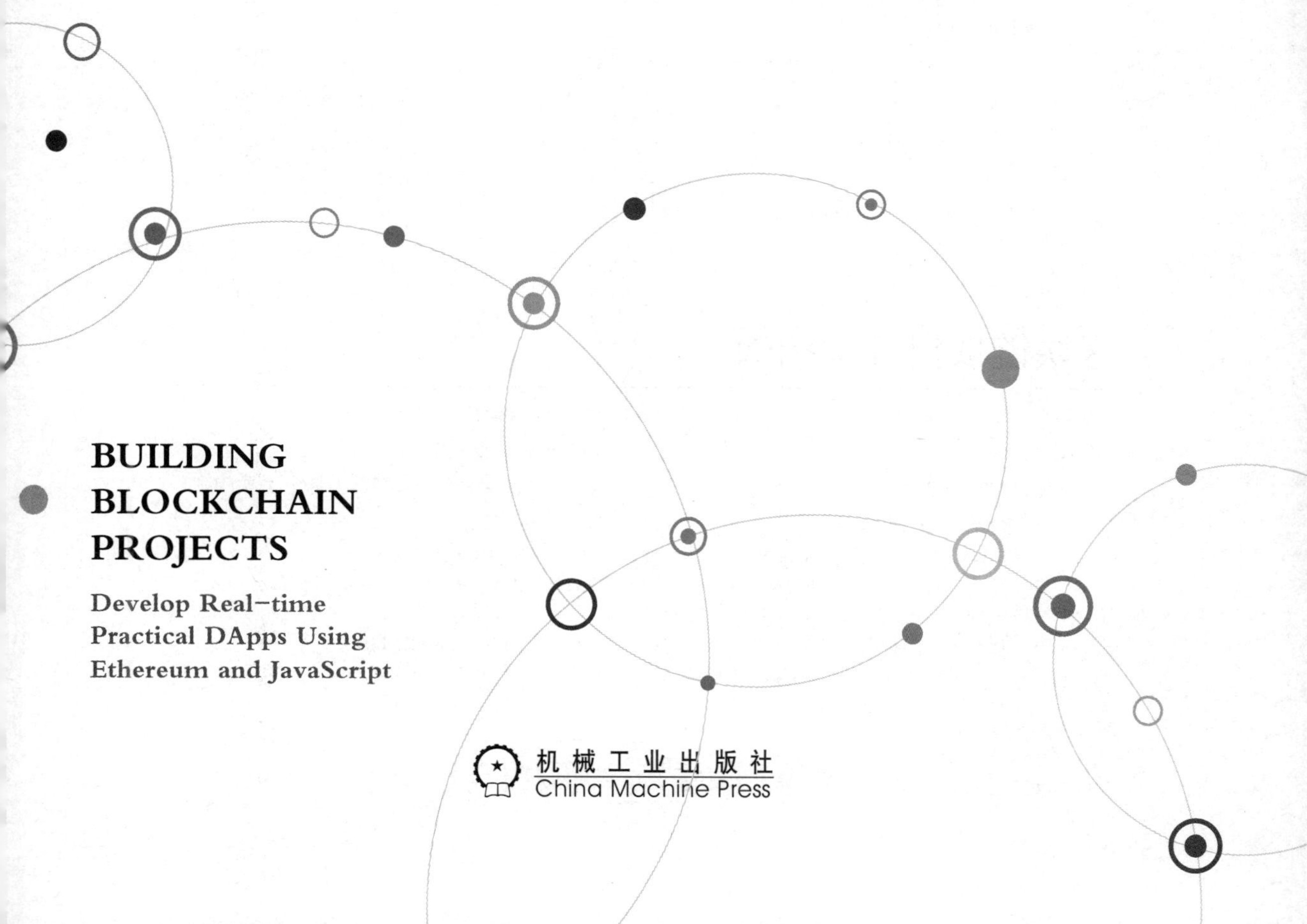

BUILDING BLOCKCHAIN PROJECTS

Develop Real-time Practical DApps Using Ethereum and JavaScript

机械工业出版社
China Machine Press

图书在版编目（CIP）数据

区块链项目开发指南 /（印度）纳拉扬·普鲁斯蒂（Narayan Prusty）著；朱轩彤，闫莺，董宁译．—北京：机械工业出版社，2017.11（2018.2 重印）
（区块链技术丛书）
书名原文：Building Blockchain Projects: Develop Real-time Practical DApps Using Ethereum and JavaScript

ISBN 978-7-111-58400-1

I. 区… II. ①纳… ②朱… ③闫… ④董… III. 电子商务－支付方式－研究 IV. F713.36

中国版本图书馆 CIP 数据核字（2017）第 273099 号

本书版权登记号：图字 01-2017-6963

Narayan Prusty: *Building Blockchain Projects: Develop Real-time Practical DApps Using Ethereum and JavaScript* (ISBN: 978-1-78712-214-7).

区块链项目开发指南

出版发行：机械工业出版社（北京市西城区百万庄大街 22 号 邮政编码：100037）

责任编辑：吴晋瑜　　责任校对：殷　虹

印　　刷：中国电影出版社印刷厂　　版　　次：2018 年 2 月第 1 版第 2 次印刷

开　　本：186mm×240mm 1/16　　印　　张：13

书　　号：ISBN 978-7-111-58400-1　　定　　价：59.00 元

凡购本书，如有缺页、倒页、脱页，由本社发行部调换

客服热线：（010）88379426 88361066　　投稿热线：（010）88379604

购书热线：（010）68326294 88379649 68995259　　读者信箱：hzit@hzbook.com

The Translator's Words 译者序

从去年开始，“区块链”成了一个高热度的关键字，受到各行各业的关注。越来越多的人渴望用区块链这一变革性技术来解决商业中的关键问题。自然，有更多的人渴望深入了解和运用区块链技术甚至开发自己的区块链应用。最近一年多，总是有很多朋友和学生问我：“如何学习以太坊？有什么资料推荐吗？”通常我的回答就是：“从以太坊白皮书和黄皮书看起吧。”显然，仅仅精读两篇文章是不够的，要想对区块链有进一步的认识，还需要更多的知识储备。但是目前国内很难找到一本系统介绍区块链技术和开发平台的书籍。作为在区块链领域具有较高知名度和丰富从业经验的专家团队，我们非常希望能给大家提供一套系统的学习资料。

作为这场区块链技术热潮的弄潮儿，以太坊是最先进区块链技术的代表。以太坊的社区和开发工具都相对比较完善和活跃。正因如此，很多企业级区块链解决方案都在积极地拥抱以太坊。但是很遗憾，系统介绍以太坊的中文资料非常匮乏。首次接触到《 Building Blockchain Projects 》这本英文书后，我们便感觉它是关于以太坊在广度上难得的技术资料，于是想尽快呈现给国内的读者。在翻译过程中，我们在保证表述流畅的同时，对原著的内容进行了验证，并对其中的错误进行了修正。因此，本书应该比英文原版书更加易懂和准确。

在本书中，读者将了解如何编写智能合约、如何用 JavaScript 开发以太坊程序，以及如何为区块链创建端到端应用。

本书具有如下特点：

- “学生导向”，跟着这本书可以由浅及深地学习以太坊技术应用。
- 给出了多个真实的以太坊智能合约编写示例，可帮助初学者迅速上手编写代码。

- 通俗易懂，讲解细致，方便自学。

在翻译本书的同时，我们的团队没有停止前进的脚步。我们不断努力，以求在技术深度上更进一步。读者掌握本书的内容后，可以阅读我们即将于近期出版的其他关于以太坊和 Hyperledger 的书，以加深对区块链的关键技术的认识。详情请见我们的微信公众号“智链 ChainNova”。

Preface 前　言

区块链是一个防篡改的去中心化账本，其中包含不断增长的数据记录列表。每个用户都可以连接到网络，发送新的交易、验证交易和创建新的区块。

本书将阐释区块链的概念，讲述其如何保证数据真实性，以及如何使用以太坊创建现实世界的区块链项目。通过有趣的现实世界案例，读者将了解如何编写完全按照程序运行、没有欺诈、没有中心机构或者第三方干预的智能合约，并学习如何创建端到端的区块链应用。本书还将介绍加密货币中的密码学、以太币安全、挖矿、智能合约和 Solidity 等概念。

区块链是比特币中最有创造性的技术，是记录比特币交易的公共账本。

本书内容

第 1 章阐释 DApp 的概念，并简述其工作原理。

第 2 章阐释以太坊的工作原理。

第 3 章阐释如何编写智能合约和使用 geth 交互接口来部署合约，以及使用 web3.js 广播交易。

第 4 章介绍 web.3js 的概念及其导入方法、连接到 geth 的方法，并阐释了如何在 node.js 或者客户端 JavaScript 使用它。

第 5 章阐释如何创建钱包服务，以方便用户创建和管理以太坊钱包，甚至离线创建和管理钱包。我们将专门使用 LightWallet 库实现。

第 6 章展示如何使用 web3.js 编译智能合约，以及使用 web3.js 和 EthereumJS 部署智能合约。

第 7 章阐释如何使用 Oraclize 从以太坊智能合约发出 HTTP 请求，以访问万维网中的数据。我们还将学习访问存储在 IPFS 中的文件、使用字符串库处理字符串等方法。

第 8 章阐释如何使用 truffle。truffle 将使创建企业级 DApp 变得容易。我们将通过创建代币来学习 truffle。

第 9 章阐释创建联盟区块链的方法。

设备环境

Windows 7 SP1+、Windows 8、Windows 10 或者 Mac OS X 10.8+。

读者对象

本书适合想使用区块链和以太坊创建防篡改数据（和交易）应用的 JavaScript 开发人员阅读，也适合对密码学及其逻辑以及相关数据库感兴趣的人阅读。

下载实例代码

可以从 http://www.packtpub.com 下载本书的实例代码文件。如果您在其他地方购买了本书，可以访问 http://www.hzbook.com 注册并下载。

Contents 目录

译者序

前言

第 1 章 去中心化应用 ……1

1.1 什么是 DApp ……1

1.1.1 去中心化应用的优点 ……2

1.1.2 去中心化应用的缺点 ……3

1.2 去中心化自治组织 ……3

1.3 DApp 中的用户身份 ……4

1.4 DApp 中的用户账户 ……5

1.5 访问中心化应用 ……6

1.6 DApp 中的内部货币 ……6

1.7 什么是授权的 DApp ……7

1.8 热门的 DApp ……7

1.8.1 比特币 ……7

1.8.2 以太坊 ……9

1.8.3 超级账本项目 ……9

1.8.4 IPFS ……10

1.8.5 Namecoin ……11

1.8.6 达世币 ……12

1.8.7 BigChainDB ……14

1.8.8 OpenBazaar ……14

1.8.9 Ripple ……14

1.9 总结 ……16

第 2 章 以太坊的工作原理 ……17

2.1 以太坊概览 ……17

2.2 以太坊账户 ……18

2.3 交易 ……18

2.4 共识 ……19

2.5 时间戳 ……20

2.6 随机数 ……21

2.7 区块时间 ……21

2.8 分叉 ……24

2.9 创世区块 ……24

2.10 以太币面值 ……24

2.11 以太坊虚拟机 ……25

2.12 gas ……25

2.13 发现对等节点 ……26

2.14 Whisper 和 Swarm ……27

2.15 geth ……27

2.15.1 安装 geth ……28

2.15.2 JSON-RPC 和 JavaScript 操作台 ……28
2.15.3 子命令和选项 ……29
2.15.4 创建账户 ……29
2.16 以太坊钱包 ……31
2.17 浏览器钱包 ……31
2.18 以太坊的缺点 ……32
2.19 serenity ……33
2.20 总结 ……35

第 3 章 编写智能合约 ……36

3.1 Solidity 源文件 ……36
3.2 智能合约的结构 ……37
3.3 数据位置 ……38
3.4 什么是不同的数据类型 ……39
3.4.1 数组类型 ……39
3.4.2 字符串类型 ……40
3.4.3 结构类型 ……41
3.4.4 枚举类型 ……42
3.4.5 mapping 类型 ……42
3.4.6 delete 操作符 ……43
3.4.7 基本类型之间的转换 ……44
3.4.8 使用 var ……44
3.5 控制结构 ……45
3.6 用 new 操作符创建合约 ……46
3.7 异常 ……46
3.8 外部函数调用 ……46
3.9 合约功能 ……48
3.9.1 可见性 ……48
3.9.2 函数修改器 ……50
3.9.3 回退函数 ……51
3.9.4 继承 ……52
3.10 库 ……54
3.11 返回多值 ……56
3.12 导入其他 Solidity 源文件 ……57
3.13 全局可用变量 ……57
3.13.1 区块和交易属性 ……57
3.13.2 地址类型相关 ……58
3.13.3 合约相关 ……58
3.14 以太币单位 ……58
3.15 存在、真实性和所有权合约的证明 ……59
3.16 编译和部署合约 ……60
3.17 总结 ……62

第 4 章 开始使用 web3.js ……63

4.1 web3.js 概述 ……63
4.1.1 导入 web3.js ……64
4.1.2 连接至节点 ……64
4.1.3 API 结构 ……65
4.1.4 BigNumber.js ……66
4.1.5 单位转换 ……66
4.1.6 检索 gas 价格、余额和交易细节 ……67
4.1.7 发送以太币 ……68
4.1.8 处理合约 ……69
4.1.9 检索和监听合约事件 ……71
4.2 为所有权合约创建客户端 ……73
4.2.1 项目结构 ……74
4.2.2 创建后端 ……74
4.2.3 创建前端 ……76

4.2.4 测试客户端 ……80
4.3 总结……82

第 5 章 创建钱包服务 ……83

5.1 在线钱包和离线钱包的区别 ……83
5.2 Hooked-Web3-Provider 和 EthereumJS-tx 库 ……84
5.3 分层确定性钱包 ……87
5.4 密钥衍生函数……87
5.5 LightWallet ……88
5.6 创建钱包服务……89
5.6.1 必要条件 ……89
5.6.2 项目结构 ……90
5.6.3 创建后端 ……90
5.6.4 创建前端 ……91
5.6.5 测试 ……97
5.7 总结……101

第 6 章 创建智能合约部署平台……102

6.1 计算一个地址的交易 nonce……102
6.2 solcjs 概述 ……104
6.2.1 安装 solcjs ……104
6.2.2 solcjs API ……104
6.3 创建合约部署平台 ……107
6.3.1 项目结构 ……108
6.3.2 创建后端 ……108
6.3.3 创建前端 ……113
6.3.4 测试 ……117
6.4 总结……118

第 7 章 创建投注 App ……119

7.1 Oraclize 概述 ……119
7.1.1 Oraclize 的工作原理……120
7.1.2 数据源 ……120
7.1.3 真实性证明 ……121
7.1.4 定价 ……122
7.1.5 开始使用 Oraclize API……123
7.1.6 加密查询 ……127
7.1.7 Oraclize Web IDE ……128
7.2 处理字符串 ……128
7.3 创建投注合约……130
7.4 为投注合约创建客户端……133
7.4.1 项目结构 ……133
7.4.2 创建后端 ……134
7.4.3 创建前端 ……135
7.4.4 测试客户端 ……143
7.5 总结……147

第 8 章 创建企业级智能合约 ……148

8.1 探索 ethereumjs-testrpc……148
8.1.1 安装和使用 ……149
8.1.2 可用 RPC 方法……151
8.2 什么是事件主题 ……153
8.3 开始使用 truffle-contract……154
8.3.1 安装和导入 truffle-contract ……155
8.3.2 建立测试环境 ……156
8.3.3 truffle-contract API ……156
8.4 truffle 概述……163
8.4.1 安装 truffle……163
8.4.2 初始化 truffle……163

8.4.3 编译合约 ……165
8.4.4 配置文件 ……165
8.4.5 部署合约 ……166
8.4.6 单元测试合约 ……169
8.4.7 包管理 ……175
8.4.8 使用 truffle 的操作台……178
8.4.9 在 truffle 环境中运行外部脚本…179
8.4.10 truffle 的创建管线……179
8.4.11 truffle 的服务器端……186
8.5 总结……187

第 9 章 创建联盟区块链 ……188

9.1 什么是联盟区块链……189
9.2 什么是权威证明共识……189
9.3 parity 概述……189
9.3.1 Aura 的工作原理……190
9.3.2 运行 parity……191
9.3.3 创建私有网络……192
9.3.4 许可和隐私……197
9.4 总结……198

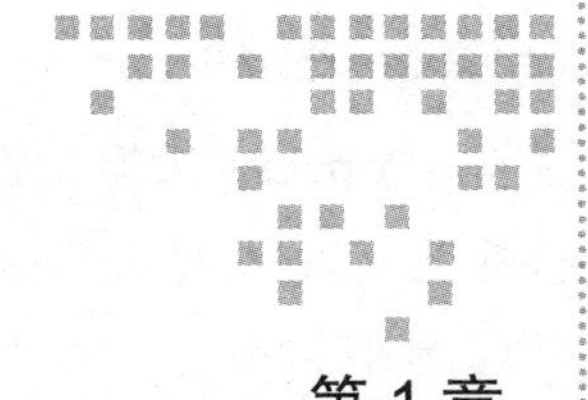

第 1 章　Chapter 1

去中心化应用

我们以前用过的所有互联网应用几乎都是中心化的，即每个应用的服务端由一个特定企业或个人所有。长期以来，开发人员创建中心化应用，用户使用中心化应用。但是中心化应用存在一些问题，包括不透明、有单点故障、不能防止网络审查等，导致几乎不可能创建某些特定类型的应用。为了解决这些问题，一项新的技术诞生了，它创建以网络为基础的**去中心化应用**（DApp）。在本章中，我们将学习去中心化应用。

在本章中，我们将讲解以下内容：

- 什么是 DApp。
- 去中心化、中心化和分布式应用之间的区别。
- 中心化和去中心化应用的优点和缺点。
- 概述一些最热门的 DApp 所使用的数据结构、算法和协议。
- 学习一些创建在其他 DApp 之上的流行 DApp。

1.1　什么是 DApp

DApp 是一种互联网应用，其后端在去中心化的点对点网络上运行，且其源代码是开源的。网络中不存在能够完全控制 DApp 的节点。

根据 DApp 的功能不同，使用不同的数据结构来存储应用数据。例如，比特币

DApp 使用区块链数据结构。

这些对等节点（peer）可以是网络中的任何计算节点，因此，发现和防止节点对应用数据进行非法篡改或者与其他人分享错误信息是一个重要挑战，所以需要对等节点之间有一些关于某个节点发布的数据是否正确的共识。在 DApp 中，没有一个中心服务器来协调节点，或者决定什么是对、什么是错，因此应对这个挑战确实不容易。一致性协议（concensus protocol）可用于解决这个问题。不同的 DApp 通常使用不同数据结构类型的共识协议，例如比特币使用工作量证明协议（PoW）来达成共识。

为了让用户 () 使用 DApp，每一个 DApp 都需要一个客户端（client）。使用 DApp 时，用户首先需要运行 DApp 中自己的节点服务端，然后将客户端连接至节点服务端。DApp 的节点只提供应用程序编程接口（Application Programming Interface，API），并允许开发者社区使用 API 开发多种客户端。一些 DApp 开发人员会提供一个官方的客户端。DApp 客户端应该是开源的，并可以被下载使用，否则整个去中心化的想法就失败了。

但是建立客户端架构比较麻烦，如果用户不是开发人员，就更麻烦。因此，客户端通常作为服务和 / 或节点形式出现，以便让使用 DApp 的过程更容易。

什么是分布式应用？

分布式应用是指应用分布在多个服务端上，而非只有一个服务端。当应用数据和通信量变得巨大，且应用的停机时间难以承受时，分布式是必要的。在分布式应用中，数据在多个服务端中备份，以具有较高可用性。中心化应用可能是分布式的，也可能不是分布式的，但去中心化应用肯定是分布式的。例如 Google、Facebook、Slack、DropBox 等是分布式的，而简单的投资组合网站或者个人微博通常不是分布式的，除非通信量很大。

1.1.1 去中心化应用的优点

中心化应用的一些优点如下：

- ❑ DApp 能容错，没有单点故障，因为它们默认是分布式的。
- ❑ 防止某单一机构的干扰。因为没有一个中心机构，任何第三方机构无法向中心机构施压逼迫其删除一些内容。甚至没有单一机构能关闭应用的域名或者

IP 地址，因为 DApp 不是通过一个特定的 IP 地址或者域名访问的。或许某些机构可以通过 IP 地址追踪网络中的单个节点并关闭它，但是如果网络很庞大，则几乎不可能关闭应用。

- 用户容易相信该应用。因为它不是由某个通过欺骗用户来牟利的机构所控制的。

1.1.2　去中心化应用的缺点

显然，每个系统都不是完美的。去中心化应用的一些缺点如下：

- 修改 bug 或者更新 DApp 很困难，因为网络中的每一个节点都需要更新其节点软件。
- 一些应用要求验证用户身份（即 KYC），却没有中心化的机构来验证用户身份，开发应用时会遇到问题。
- 创建去中心化应用比较困难，因为它们应用复杂的协议达成共识，且必须从最开始就自行创建并扩大规模。所以我们不能仅仅实现一个想法，然后不断添加功能，使其规模扩大。
- 应用通常独立于第三方 API，以获取或者存储数据。DApp 不能依赖中心化应用 API，但是可以依赖其他 DApp。因为目前 DApp 的生态圈还不太大，所以创建起来比较困难。尽管 DApp 理论上可以依赖其他 DApp，但在实践中紧密融合 DApp 仍比较困难。

1.2　去中心化自治组织

一般来说，被签署的文件可以代表组织，而且政府能对它们产生影响。根据组织类型的不同，组织可能有股东，也可能没有股东。

去中心化自治组织（Decentralized Autonomous Organization，DAO）是由计算机程序代表的组织（即组织根据程序中写明的规则运行），完全透明，完全由股东控制，不受政府影响。

为了达到这些目标，我们需要把 DAO 作为 DApp 来开发。因此，我们可以说 DAO 是 DApp 的一个子类。

Dash 和 DAC 是 DAO 的一些例子。

什么是去中心化自治公司（DAC）？

DAC 和 DAO 尚无很明显的差别。很多人认为它们是一样的，有些人则在 DAO 为股东谋取利益时将 DAC 定义为 DAO。

1.3 DApp 中的用户身份

DApp 的主要优点之一是它一般能保证用户的匿名性，但是许多应用要求用户必须经过身份验证这个过程才能使用应用。因为 DApp 中没有中央机构，验证用户身份成了一个挑战。

在中心化应用中，人们要求用户提交特定的扫描文件、OTP 验证等，再验证用户身份。该过程称为 Know Your Customer（KYC）。但是由于 DApp 中没有人负责验证用户身份，所以 DApp 不得不自己验证用户身份。DApp 显然不能理解和验证扫描文档，也不能发送短信，因此需要用户提供那些它们可以理解和验证的数字标识。主要问题是几乎没有 DApp 有数字身份，只有少数人知道如何得到数字身份。

数字身份有多种形式。目前最受推崇、最热门的形式就是数字证书。数字证书（也称为公钥证书或者标识证书）是一个用来证明公钥所有权的电子文档。基本上，一个用户拥有私钥（private key）、公钥（public key）和数字证书（digital certificate）。私钥是秘密的，用户不应当与其他人分享；公钥可以与其他人分享；数字证书包含公钥和谁拥有公钥的信息。显然，生产这种证书并不难，因此数字证书总是由用户可以信任的授权机关颁发。数字证书有一个加密部分是用证书颁发机构（certificate authority）的私钥加密的。为了验证证书的真实性，我们只需要使用证书颁发机构的公钥解码该部分，如果成功解码，那么证书就是合法的。

即使用户成功获得了数字身份并得到 DApp 验证，还是有一个关键问题，那就是有各种各样的数字证书颁发机构。为了验证一个数字证书，我们需要该证书颁发机构的公钥。掌握所有证书颁发机构的公钥、更新 / 添加新的证书颁发机构的公钥是很困难的。因此，数字身份验证程序通常在客户端里，这样可以方便更新。但仅把验证程序转移到客户端并不能彻底解决问题，因为有很多颁发数字证书的机构，跟踪所有机构并把它们加到客户端是很麻烦的。

为什么用户不验证彼此的身份？

在现实生活中，用户做交易时，通常会自己验证对方的身份或者可以请一个机构来验证身份，这个想法也可以应用到 DApp 中。在进行交易之前，用户可以手动验证彼此的身份，这个想法适用于人们彼此进行交易的 DApp。假设有一个 DApp 是去中心化的社交网络，显然可以通过这种方式验证身份信息。假设一个 DApp 是用来买卖商品的，在支付之前买卖双方可以验证彼此的身份，尽管这个想法看起来是可行的，但是在实践中很难实现，因为你可能并不想每次进行交易的时候都验证身份，也不是每个人都知道如何验证身份。例如，假设有一个 DApp 是打车软件，用户显然不想每次叫出租车之前都进行身份验证。但如果只是偶尔交易，也知道怎样验证身份，就可以按程序验证身份。

由于这些原因，我们目前剩下的可选择方案是，由提供客户端的公司派人手动验证用户身份。例如，创建一个比特币账户不需要身份证明，但是当提取比特币并兑换成货币时，交易所会要求提供身份证明。客户端可以忽略未经验证的用户，不让他们使用，也可以对已经身份验证的用户开放使用。这个解决办法也会产生一些小问题，即如果转换客户端，会发现交互的用户不一样了，因为不同的客户端有不同的验证用户集。因此，所有用户可能决定只使用一个特定客户端。但这不是一个很大的问题，因为如果客户端不能有效验证用户，用户就可以方便地转向另一个客户端，而且不丢失关键数据，因为关键数据的存储是去中心化的。

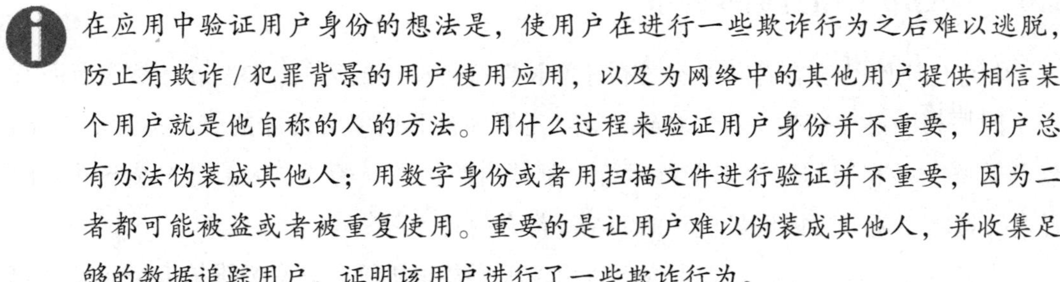

在应用中验证用户身份的想法是，使用户在进行一些欺诈行为之后难以逃脱，防止有欺诈 / 犯罪背景的用户使用应用，以及为网络中的其他用户提供相信某个用户就是他自称的人的方法。用什么过程来验证用户身份并不重要，用户总有办法伪装成其他人；用数字身份或者用扫描文件进行验证并不重要，因为二者都可能被盗或者被重复使用。重要的是让用户难以伪装成其他人，并收集足够的数据追踪用户，证明该用户进行了一些欺诈行为。

1.4　DApp 中的用户账户

许多应用需要用户账户功能。与账户相关的数据只能由账户所有者进行修改。

DApp 和中心化应用不一样，DApp 没有以用户名和以密码为基础的账户功能，因为密码不能证明账户中的数据变化是由账户所有者发出的请求导致的。

有多种方法能实现 DApp 中的用户账户，最热门的方式是使用公钥 - 私钥对（public-private key pair）来代表一个账户。公钥的哈希（hash）是账户的唯一身份。为了改变账户中的数据，用户需要用私钥签名。我们假设用户会安全地存储私钥。如果用户丢失私钥，就永远不能访问账户了。

1.5 访问中心化应用

DApp 不能依赖于中心化应用，原因是存在单点故障。但是在一些情况下，并无其他办法。例如，如果 DApp 想读取一场足球比赛的成绩，它从哪里得到数据呢？尽管 DApp 可以依赖另一个 DApp，但是国际足联（FIFA）为什么要创建一个 DApp 呢？ 国际足联不会仅仅因为其他 DApp 想要数据，就创建一个提供成绩却没有回报的 DApp。

所以在一些情况下，DApp 需要从中心化应用中抓取数据。但主要问题是 DApp 如何知道从一个域名中抓取的数据有没有被中间人篡改，数据是否还是真实的响应？根据 DApp 架构的不同，解决办法也有所不同。例如在以太坊中，智能合约不能直接发出 HTTP 请求，为了访问中心化 API，可以使用 Oraclize 服务作为中间人。Oraclize 为从中心化服务智能合约中抓取的数据提供 TLSNotary 验证。

1.6 DApp 中的内部货币

中心化应用的所有者需要有盈利才能长期维护应用的运行。DApp 虽然没有所有者，但是和中心化应用一样，DApp 节点需要硬件和网络资源才能维持运行。DApp 节点需要一些有用的回报来维持运行，于是内部货币登场了。大多数 DApp 都有内置内部货币，或者可以说最成功的 DApp 都有内置内部货币。

共识协议决定节点收取多少内部货币。根据共识协议，只有为维护 DApp 安全和运行做出贡献的那些特定节点可以赚取货币，只进行数据读取的节点没有回报。例如在比特币中，只有矿工（miner）成功挖矿才能赚取比特币。

最大的问题是，这是一种数字货币，为什么人们觉得它有价值？ 根据经济学原理，有供需差就有价值。

让用户用内部货币付费才能使用 DApp 解决了需求问题。随着越来越多的用户使用 DApp，且需求不断增长，内部货币的价值也升高了。

货币总量恒定会使货币变得稀缺，从而使其价值更高。

货币是不断供应的，而非一次性供应所有货币。正因如此，新进入网络、使网络安全运行的节点也能赚取货币。

DApp 中内部货币的缺点

DApp 有内部货币的唯一缺点是，DApp 不能再免费使用了。免费是中心化应用占上风的原因之一，因为中心化应用可以用广告赚钱，为第三方应用提供优质 API，所以可以对用户免费。

在 DApp 中不能加入广告，因为没有人去检查广告尺度；客户端还可能不展示广告，因为展示广告对他们没有好处。

1.7　什么是授权的 DApp

到目前为止，我们学习了完全开放的免权限 DApp，即任何人都不需要建立身份就可以参与。

另一方面，授权的 DApp 并不对所有人开放。授权的 DApp 继承了免权限 DApp 的全部属性，但需要权限才能参与到网络中去。各种授权的 DApp 用到的权限系统不同。

要加入一个授权的 Dapp 就需要权限，免权限 DApp 的共识协议可能在授权的 DApp 中并不好用，因此授权的 Dapp 与免权限 Dapp 的共识协议是不同的。授权的 DApp 没有内部货币。

1.8　热门的 DApp

现在我们已经掌握了一些关于 DApp 是什么、它与中心化应用有何区别等知识，让我们探索一些热门的、有用的 DApp。学习这些 DApp 时，我们只要达到理解其工作原理和它们如何处理不同问题的程度就够了，不用学得太深。

1.8.1　比特币

比特币（bitcoin）是一种去中心化的货币，是最热门的 DApp。它的成功展示了

Dapp 有多么强大，并鼓励人们创建其他 DApp。在了解比特币的细节以及为什么人们认为它是一种货币之前，需要账本和区块链的概念。

1. 什么是账本

账本（ledger）本质上是一个交易列表。数据库与账本不同。在账本中，我们只能添加新的交易；在数据库中，我们可以添加、修改和删除交易。数据库可以用来实现账本。

2. 什么是区块链

区块链（blockchain）是用于创建去中心化账本的数据结构。区块链中的区块按序号排列。区块包含一系列交易、前一个区块的哈希（hash）、时间戳（timestamp，表明区块的创建时间）、区块回报（blockreward）、区块序号（block number）等。每一个区块包含前一个区块的哈希，由此创建了区块彼此相连的链。网络中的每一个节点都保留区块链的一个备份。

工作量证明（proof-of-work）和权益证明（proof-of-stake）等是用于保障区块链安全性的多种共识协议。由于共识协议不同，创建区块和添加区块到区块链中的方式也不同。在工作量证明中，通过挖矿创建区块，这让区块链保持安全。在工作量证明协议中，挖矿涉及解决复杂问题。我们将在后面学习更多关于区块链及其共识协议的内容。

比特币网络中的区块链包含比特币交易。网络向成功挖出区块的节点奖励新的比特币。

> 区块链数据结构的主要优点是，它自动进行审计，并使应用安全透明，可以防止欺诈和贪污。根据实现和使用方式的不同，它还可以用来解决许多其他问题。

3. 比特币合法吗

首先，比特币不是一种内部货币，而是一种去中心化的货币。内部货币大部分都是合法的，因为它们有资产且用途明确。

主要问题在于纯货币 DApp 是否合法。简要回答就是，许多国家认为它是合法的，少数国家认为它是非法的，大部分国家对此还没有做出决定。

为什么少数国家认定它是非法的，大部分国家对此还没有做出决定呢？原因如下：

- 由于 DApp 中的标识问题，用户账户没有任何标识将它们与比特币挂钩，因此，它可用于洗钱。
- 这些虚拟货币不稳定，所以人们丢钱的风险很高。
- 用虚拟货币很容易逃税。

4. 为什么使用比特币

比特币网络仅用于发送 / 接收比特币，没有其他用途。所以你一定在奇怪，人们为什么对比特币有需求？

使用比特币的原因如下：

- 可以在世界上任何地方快速便捷地发送和接收支付。
- 比特币交易费低于在线支付交易费。
- 黑客可以从商户那里窃取支付信息，但是在使用比特币的情况下，窃取比特币地址是完全没用的，因为为了让交易合法，必须用相关私钥签名，而用户在支付时不需要和任何人分享私钥。

1.8.2 以太坊

以太坊（ethereum）是一个去中心化平台，可以在其上运行使用智能合约编写的 DApp。一个或多个智能合约可以一起构建 DApp。以太坊智能合约是在以太坊上运行的程序。智能合约完全按照程序运行，杜绝了停机、中心化操控、欺诈和第三方干涉的可能性。

使用以太坊运行智能合约的主要优点是方便智能合约彼此交互，而且不需要担心整合共识协议等事情，只需编写应用所需逻辑即可。当然，不能用以太坊创建所有种类的 DApp，只能创建以太坊支持其功能的那些 DApp。

以太坊有一种内部货币叫作以太币（ether）。部署智能合约或者执行智能合约函数需要用到以太币。

本书将使用以太坊创建 DApp，并深入介绍以太坊的相关知识。

1.8.3 超级账本项目

超级账本（Hyperledger）项目致力于开发创建授权的 DApp 技术。Hyperledger fabric（或称 simply fabric）是 Hyperledger 项目的一个实现。其他 Hyperledger 实现还有 Intel Sawtooth 和 R3 Corda 等。

fabric是一个去中心化的授权平台，它允许在其上运行授权的DApp（叫作chaincode，账链代码）。用户需要部署自己的fabric实例，然后在其上部署授权的DApp。网络中的每一个节点都运行一个fabric实例。fabric是即插即用系统，可以方便地即插即用多种共识协议和功能。

Hyperledger使用区块链数据结构。以Hyperledger为基础的区块链目前可以选择没有共识协议（即NoOps协议），或者使用实用拜占庭容错算法（Practical Byzantine Fault Tolerance，PBFT）共识协议。它有一个特殊节点叫作证书颁发机构，该节点用于控制谁能加入网络和它们能做什么。

1.8.4 IPFS

星际文件存储系统（InterPlanetary File System，IPFS）是一个去中心化的文件系统。IPFS使用分布式哈希表（Distributed Hash Table，DHT）和Merkle有向无环图（Directed Acyclic Graph，DAG）数据结构。它使用类似于BitTorrent（比特流）的协议来决定如何在网络中移动数据。IPFS的一个高级功能是它支持文件版本管理。为了实现文件版本管理，它使用了类似于Git的数据结构。

尽管被称为去中心化的文件系统，IPFS并不遵循文件系统的主要属性，即在文件系统中，所存储的内容会一直保留到被删除之前。IPFS的工作原理不同——每一个节点并不存储全部文件，存储的是需要的文件。如果一个文件不那么受欢迎，许多节点就没有这个文件，那么该文件很有可能从网络中消失。因此，许多人更喜欢把IPFS称为去中心化的、点对点的文件共享应用。或者可以把IPFS当作完全去中心化的BitTorrent，也就是说，它没有追踪器，但有一些高级功能。

1. 工作原理

当在IPFS中存储一个文件时，它被分成很多小于256KB的数据块（chunk），并生成每个数据块的哈希。网络中的节点在一个哈希表中存储它们需要的IPFS文件及其哈希。

IPFS文件有4种类型：blob、list、tree和commit。blob代表一个实际存储在IPFS中的文件的数据块。list代表完整的文件，因为它包含blob列表和其他列表。由于列表可以包含其他列表，因此它帮助网络进行数据压缩。tree（树）代表目录，因为它包含blob列表、列表、其他树和commit。commit文件代表其他文件的版本历史中的快照。由于list、tree和commit与其他IPFS文件有连接，于是形成了一个

Merkle DAG。

所以，用户如果想要从网络中下载文件时，只需要 IPFS 列表文件的哈希。如果想下载目录，则只需要 IPFS 树文件的哈希。

因为每个文件都由一个哈希进行标识，所以文件名不容易记住。如果更新文件，就需要与想下载该文件的所有人分享新的哈希。为了解决这个问题，IPFS 使用 IPNS 功能，允许用自行认证的名字或者人性化的名字指向 IPFS 文件。

2. Filecoin

阻碍 IPFS 成为去中心化文件系统的主要原因是节点只存储了它们需要的文件。Filecoin（文档币）是一个类似于 IPFS 的去中心化文件系统，其中有内部货币激励节点存储文件，由此提高文件可用性，并使其更像一个文件系统。

网络中的节点通过赚取文档币来租用磁盘空间，在存储 / 检索文件时，需要花费文档币。

与 IPFS 技术一样，Filecoin 使用区块链数据结构和数据可检索证明（Proof-of-Retrievability，PoR）共识协议。

在写本书之时，Filecoin 仍在开发阶段，因此许多事情尚不明确。

1.8.5　Namecoin

Namecoin 是一个去中心化的键 – 值数据库。它也有内部货币，叫作域名币（Namecoin）。Namecoin 使用区块链数据结构和工作量证明共识协议。

在 Namecoin 中，可以存储数据的键 – 值对。为了注册键 – 值对，需要花费域名币。注册之后，需要每 35 999 个区块更新一次，否则与密钥相关的数值将失效。更新也需要花费域名币。不需要更新密钥，也就是说，在注册之后不需要花费任何域名币来存储密钥。

Namecoin 有一个命名空间（namespace）功能，允许用户组织不同种类的密钥。任何人都可以创建命名空间，或者使用现有命名空间组织密钥。

最受欢迎的命名空间有 a（应用特定数据）、d（域名规范）、ds（安全域名）、id（标识）、is（安全标识）、p（产品）等。

bit 域名

如要访问网站，浏览器应先发现与域名相关的 IP 地址。这些域名和 IP 地址映射被存储在 DNS 服务端中，受大机构控制。因此，域名易于审查。如果网站在做非法勾当，或者导致某些损失，或者出于一些其他原因，大机构通常会关闭域名。

正因如此，就需要一个去中心化的域名数据库。因为 Namecoin 就像 DNS 服务端一样存储键 – 值数据，所以 Namecoin 可用于实现去中心化的 DNS，而且已经用于该用途。d 和 ds 命名空间包含以 .bit 结尾的密钥，代表 .bit 域名。从技术上看，命名空间对于密钥没有任何命名协定，但是 Namecoin 的所有节点和客户端同意该命名协定。如果想在 d 和 ds 命名空间存储非法的密钥，那么客户端会将其滤掉。

支持 .bit 域名的浏览器需要查看 Namecoin 的 d 和 ds 命名空间，以发现与 .bit 域名相关的 IP 地址。

d 和 ds 命名空间之间的区别是：ds 存储支持 TLS 的域名，而 d 存储不支持 TLS 的域名。我们已经使 DNS 去中心化了，也可以使发放 TLS 证书去中心化。

这是 TLS 在 Namecoin 中的工作原理。用户创建自签名的证书，并在 Namecoin 中存储证书。当一个对 .bit 域名支持 TLS 的客户端试图访问一个安全的 .bit 域名时，它将服务端返回的证书哈希和 Namecoin 中的哈希存储进行匹配，如果匹配，则继续与服务端进行更多通信。

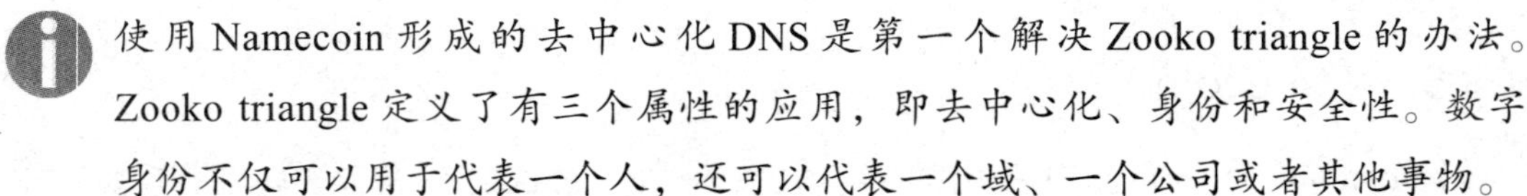
使用 Namecoin 形成的去中心化 DNS 是第一个解决 Zooko triangle 的办法。Zooko triangle 定义了有三个属性的应用，即去中心化、身份和安全性。数字身份不仅可以用于代表一个人，还可以代表一个域、一个公司或者其他事物。

1.8.6 达世币

达世币（Dash）是一种类似于比特币的去中心化货币。它使用区块链数据结构和工作量证明共识协议，并解决了比特币面临的一些主要问题。以下是比特币面临的一些问题：

- 交易需要几分钟完成，但在目前的环境下通常需要交易马上完成。这是因为比特币网络的挖矿难度不断调整，平均每 10 分钟创建一个区块。在本书中，我们将在后面学习更多关于挖矿的内容。
- 尽管账户没有与其相关的身份，但是在交易所里用比特币和真实货币进行兑换或者用比特币买东西都是可以追溯的，因此交易所或者商户可以把用户的身份透露给监管机构。如果在自己的节点上运行发送 / 接收交易，则 ISP 可以看见比特币地址，还可以用 IP 地址追踪所有者，因为在比特币网络中广播的信息不是加密的。

达世币的目标是通过使交易几乎瞬间完成并隐藏交易账户的信息来解决上述问题，还可以防止他人用 ISP 追踪所有者。

比特币网络中有两种节点，即矿工节点和普通节点。但 Dash 中有三种节点，即矿工节点（miner node）、主节点（master node）和普通节点（ordinary node）。主节点是使 Dash 与众不同的原因。

1. 去中心化的治理和预算编制

要建立一个主节点，用户需要拥有 1000 个达世币和一个静态 IP 地址。在 Dash 网络中，主节点和矿工都赚取达世币。挖出一个区块，45% 收益归矿工，45% 收益归主节点，剩余的 10% 留给系统预算。

主节点使去中心化的治理和预算编制成为可能。由于去中心化的治理和预算编制系统，Dash 被称为 DAO，因为这就是它的确切含义。

网络中的主节点就像股东，也就是说，它们有权利决定剩余 10% 的达世币归谁。这 10% 的达世币通常用于资助其他项目。

每个主节点都有能力使用一次投票权（vote）批准项目。对项目的讨论在网络以外进行，但投票是在网络中进行的。

主节点为在 DApp 中验证用户标识提供了一种可能的解决办法，也就是说，主节点可以民主地选择节点来验证用户标识。该节点背后的人或者单位可以手动验证用户文档。回报的一部分还可以回到这个节点。如果该节点不提供良好的服务，那么主节点可以投票给另一个节点。对于解决去中心化的标识问题来说，这不失为一个好办法。

2. 去中心化服务

主节点还形成一个提供多种服务的服务层，而非仅仅批准或者拒绝一个提案。主节点提供服务的原因是它们提供的服务越多，网络的功能就越多，从而增加用户和交易。这样能提高达世币的价值，使区块回报变得更高，由此帮助主节点赚取更多利润。

主节点提供诸如 PrivateSend（提供匿名的混合币服务）、InstantSend（提供几乎即时交易的服务）、DAPI（供去中心化 API 的服务，这样用户不需要运行节点）等服务。

在某个特定时间，只有 10 个主节点被选中。选择算法将使用当前区块的哈希选择这 10 个主节点。然后，从这些主节点发出服务请求。从大部分节点接收的结果被认为是正确的，这就是对主节点提供的服务达成共识的办法。

服务证明（Proof of Service，PoS）共识协议用于确保主节点在线、应答和更新区块链。

1.8.7 BigChainDB

BigChainDB 允许用户部署自己的、授权的或者免权限去中心化数据库。它使用区块链数据结构以及其他多种特定数据库数据结构。在写本书之时，BigChainDB 仍处于开发阶段，所以许多事情尚不明确。

BigChainDB 还提供了许多其他功能，例如丰富的权限、查询、线性扩展以及支持多资产和 federation 共识协议等。

1.8.8 OpenBazaar

OpenBazaar 是一个去中心化的电子商务平台，可以在其上买卖物品。OpenBazaar 中的用户不是匿名的，因为其 IP 地址被记录了。节点可以是买方、卖方或者中间人。

OpenBazaar 使用 Kademlia 分布式哈希表数据结构。为了使这些项在网络中可视，卖方必须建立节点并维持其运行。

OpenBazaar 使用工作量证明共识协议防止账户被篡改。它使用 proof-of-burn、CHECKLOCKTIME 验证和基于保证金的共识协议，防止评分和评价被篡改。

买方和卖方用比特币进行交易。买方在购买时可以添加一个中间人。如果买卖双方有争端，由中间人负责解决。任何人都可以是网络中的中间人，中间人通过解决争端赚取手续费。

1.8.9 Ripple

Ripple（瑞波）是一个去中心化的转账平台。它允许兑现货币、数字货币和大宗商品。它使用区块链数据结构，并且有自己的共识协议。在 Ripple 相关文档中，找不到“区块”和“区块链”等词汇；而是用“账本”(ledger) 来代替。

在 Ripple 中，通过信任链进行钱和商品交换，方式类似于 hawala 网络。Ripple 中有两种节点，即网关（gateway）和普通节点。网关支持一种或多种货币和 / 或商品的存取。为了在 Ripple 网络中变成网关，需要作为网关的权限形成一个信任链。网关通常是已经注册的金融机构、交易所、商人等。

每个用户和网关都有一个账户地址。每个用户需要把他们信任的网关地址添加到信任列表中，形成一个信任网关列表。对于发现谁值得信赖，并没有任何共识，这完全依赖用户——用户自行承担信任一个网关的风险，即便网关可以添加它们信任的网关列表。

来看一个例子：住在印度的用户 X 如何能够向住在美国的用户 Y 发送 500 美元。假设在印度有一个网关 XX，收取现金（实物现金或者在网上用卡支付）且只用印度卢比给用户 Ripple 余额。X 将访问 XX 办公室或者网站，存入 30 000 印度卢比，然后 XX 广播交易说“欠 X30 000 印度卢比”。现在假设在美国有一个网关 YY，它只允许美元交易且 Y 信任 YY 网关。假设网关 XX 和 YY 不信任彼此。由于 X 和 Y 不信任一个共同的网关，XX 和 YY 不信任彼此，导致 XX 和 YY 不支持同样的货币，因此，X 为了转账给 Y，就需要发现一个中间人网关形成一个信任链。假设还有一个网关 ZZ，XX 和 YY 都信任 ZZ，ZZ 支持美元和印度卢比。现在 X 可以发送交易，将 50 000 印度卢比从 XX 转给 ZZ，ZZ 把钱兑成美元，然后把钱发送给 YY，让 YY 把钱给 Y。现在 X 欠 Y $500，YY 欠 Y $500，ZZ 欠 YY $500，XX 欠 ZZ 30 000 印度卢比。但是这都没什么，因为它们互相信任，而此前 X 和 Y 不互相信任。但是只要 XX、YY 和 ZZ 想，它们随时可以在 Ripple 之外转账，或者翻转交易扣除款项。

Ripple 也有内部货币，叫作 XRP（或瑞波币）。发送至网络中的每一个交易会耗费一些瑞波币。由于瑞波币是 Ripple 自有的货币，它可以不需要信任就被发送给网络中的任何人。在形成信任链时，可以使用瑞波币。记住，每一个网关有自己的货币汇率。瑞波币不是由挖矿生成的；相反，最初就有 1000 亿个瑞波币，它们最初由 Ripple 公司拥有。出于多种原因，瑞波币是手动供给的。

所有交易都被记录在去中心化的账本中，形成不可更改的历史。需要共识确保所有节点在一个给定时间的账本都一致。在 Ripple 中，有第三种节点，叫作验证器（validator），它是共识协议的一部分，验证器负责验证交易。任何人都可以成为验证器。但是其他节点维护一个可以信任的验证器列表。该列表被称为唯一节点列表（Unique Node List，UNL）。验证器也有 UNL，即验证器信任的验证器，因为验证器也想达成共识。目前，由 Ripple 决定可以信任的验证器列表，但是如果网络认为 Ripple 选择的验证器不值得信任，就可以在节点软件中修改列表。

可以拿出一个以前的账本，把随后发生的全部交易都填上去，形成一个新账本。为了同意当前账本，节点必须同意以前的账本和随后发生的全部交易。在创建一个新账本之后，节点（普通节点和验证器）启动一个计时器（几秒钟长，大概 5s），并收集在创建以前的账本时到达的新交易。当计时器停下时，它接收至少 80% 的 UNL 认为合法的交易，形成下一个账本。验证器向网络广播一个提案（proposal，即它们认为合法的、用于形成下一个账本交易的一系列交易）。如果它们决定根据 UNL 提案和其他因素改变合法交易的列表，验证器可以对同一个账本用不同的交易集合，多次广播提案。所以用户仅需要等待 5～10s，由网络确认交易。

有人质疑，每个节点可能有不同的 UNL，是否会使账本生成许多不同的版本？其实只要 UNL 之间有最低程度的相互连接，就会迅速达成共识，这是因为每一个诚实节点的主要目标就是达成共识。

1.9 总结

在本章中，我们学习了 DApp 的概念，初步了解了 DApp 的工作原理以及其面临的一些挑战和应对挑战的多种方法。最后，我们接触了一些广受欢迎的 DApp，了解了它们的特别之处和工作原理。

第 2 章 Chapter 2

以太坊的工作原理

在前一章中，我们了解了 DApp 的概念，还了解了一些热门 DApp，其中之一便是以太坊。目前，以太坊是继比特币之后最受欢迎的 DApp。在本章中，我们将深入学习以太坊的工作原理及其用途，还将看到重要的以太坊客户端和节点实现。

在本章中，我们将讲解以下内容：

- 以太坊用户账户。
- 智能合约及其工作原理。
- 以太坊虚拟机（EVM）。
- 在工作量证明共识协议中挖矿如何进行。
- 学习如何使用 geth 命令。
- 建立以太坊钱包和浏览器钱包（Mist）。
- Whisper 和 Swarm 概览。
- 以太坊的未来。

2.1 以太坊概览

以太坊（Ethereum）是一个去中心化的平台，可以在其上部署 DApp。DApp 是用一个或者更多个智能合约创建的，使用 Solidity 编程语言编写智能合约。智能合约完全按照程序运行，而且防停机、防审查、防欺诈、防第三方干扰。在以太坊中，编写智能合约可以使用好几种编程语言，包括 Solidity、LLL 和 Serpent，其中 Solidity 最受欢迎。以太坊有一种内部货币叫作以太币（Ether），部署智能合约或者调用其方法需要用到以太币。和任何其他 DApp 一样，智能合约可以有多个实例，且每个实例都有自己专门的地址。用户账户和智能合约都可以持有以太币。

以太坊使用区块链数据结构和工作量证明共识协议。智能合约可以通过发送交易调用或者通过其他合约调用。有两种网络中的节点：普通节点和矿工。普通节点只备份区块链上的数据，而矿工通过挖矿创建区块链。

2.2 以太坊账户

要创建以太坊账户，只需要一个非对称加密密钥对——由不同的算法（例如 RSA、ECC 等）生成。以太坊使用椭圆曲线加密算法（ECC），ECC 有多个参数用来调节速度和安全性，以太坊使用 secp256k1 参数。深入学习 ECC 及其参数需要一定的数学知识，而使用以太坊创建 DApp 不需要深入理解 ECC 及其参数。

以太坊使用 256 位加密。以太坊私钥 / 公钥是一个 256 位数。因为处理器不能表示这么大的数，所以它被编译成长度为 64 的十六进制字符串。

每个账户用一个地址表示。有了密钥之后，就需要生成地址。从公钥生成地址的过程如下：

1）生成公钥的 keccak-256 哈希。它将给出一个 256 位的数字。

2）丢弃前面的 96 位，即 12 字节。现在得到 160 位二进制数据，即 20 字节。

3）把地址编译成十六进制的字符串。最后将得到一个 40 字符的字节串，就是账户地址。

现在任何人都可以发送以太币到这个地址。

2.3 交易

交易是一个签名数据包，用于从一个账户向另一个账户或者向一个合约转以太币、调用合约方法或者部署一个新合约。交易使用**椭圆曲线数字签名算法（ECDSA）**签名，ECDSA 是一种基于 ECC 的数字签名算法。交易包含信息接收者、识别发起人及其意愿的签名、要转账的以太币数量、交易执行允许进行的计算资源最大值（叫作 gas 上限）以及交易发起人愿意为单位计算资源支付的费用（叫作 gas 价格）。如果交易目的是调用合约方法，则还包含输入数据；如果其目的是部署合约，则可以包含初始化代码。用交易所消耗的 gas 乘以 gas 价格计算得到交易费。为了发送以太币或者执行合约方法，需要向网络广播交易。发起人需要用私钥签署交易。

如果确定交易将永久地出现在区块链中，则称为交易已确认。推荐在假设交易已确认之前，等待 15 个确认（15 个区块产生在交易所在的区块后面）。

2.4　共识

以太坊网络中的每个节点包含区块链的一个备份。用户需要确保节点不能够篡改区块链，还需要一个机制检查区块是否合法，如果遇到两个不同的合法区块链，需要有办法确定选择哪个。

以太坊使用工作量证明共识协议防止区块链被篡改。工作量证明系统需要解决一个复杂问题以创建一个新的区块。解决问题需要大量算力，这就使创建区块很困难了。在工作量证明系统中，创建区块的过程称为挖矿。矿工（miner）是网络中挖区块的节点。使用工作量证明的所有 DApp 并不一定都使用同样的算法。使用什么算法取决于矿工需要解决的问题、问题难度值、需要多长时间解决等。我们将学习与以太坊有关的工作量证明。

任何人都可以成为网络中的矿工。每个矿工独自解决问题，第一个解决问题的矿工是胜利者，它得到的回报是 5 个以太币和该区块中全部交易的交易费。如果你的处理器比网络中的其他节点更强大，也并不意味着你总会成功，因为所有矿工要解决的问题的参数并不完全相同。但是如果你有一台比网络中的其他节点都强大的处理器，成功的概率会比较大。网络安全不是用矿工总数衡量的，而是用网络的全部算力衡量的。

区块链中有多少个区块没有限制，可以生成的以太币总数也没有限制。矿工一旦成功挖到区块，就向网络中的所有其他节点广播该区块。区块有一个区块头（header）和一系列交易。每一个区块存储前一个区块的哈希值，由此创建一个相连的链。

让我们来看矿工需要解决的问题是什么以及如何在高水平解决问题。为了挖区块，矿工首先从收到的广播中收集新的、未挖出的交易，然后滤掉不合法的交易。

合法的交易必须满足正确地使用私钥签名、账户有足够的余额进行交易等条件。现在矿工创建一个有区块头和内容的区块。内容（content）是区块包含的交易列表。区块头包含前一个区块的哈希、区块序号、随机数（nonce）、目标值（target）、时间戳（timestamp）、难度值（difficulty）、矿工地址（address）等内容。时间戳表示区块初始时间。随机数是一个没有意义的值，纯粹是为了设置一个小于或等于目标值的区块哈希。以太坊使用 ethash 哈希算法。发现随机数的唯一方法是穷尽所有可能。目标值是一个 256 位的数字，根据不同的因素计算。区块头的难度值是目标值的一种不同表述方法。目标值越低，发现随机数需要的时间越多；目标值越高，需要的时间越少。计算问题难度值的公式如下：

```
current_block_difficulty = previous_block_difficulty +
previous_block_difficulty // 2048 * max(1 - (current_block_timestamp -
previous_blocktimestamp) // 10, -99) + int(2 ** ((current_block_number //
100000) - 2))
```

网络中的任何节点都可以检查区块链是否合法，首先检查交易在区块链中是否合法以及时间戳的验证情况，然后检查区块的目标值和随机数是否合法、矿工是否得到合法的回报等。

> 如果网络中的节点接收到两个不同的合法区块链，那么所有区块的整体难度值较高的那个区块链被视为合法的区块链。

例如，假设网络中的一个节点想改变一个区块中的一些交易，就需要重新计算该块以及该块后面所有区块的随机数。可是在该节点计算的同时，网络其他节点已经又挖出了许多新的区块，因此当它重新计算到最新区块时会因整体难度值较低而被系统拒绝。可见，私自篡改账本的难度是非常大的。

2.5 时间戳

计算区块目标值的公式需要用到当前时间戳，且每个区块在区块头附加了当前时间戳。没有什么机制可以阻止矿工在挖新区块时使用其他时间戳（而非当前时间戳），但是它们一般不会那么做，因为时间戳验证会失败，其他节点不会接受该区块，这样就浪费了矿工的资源。当一个矿工广播一个新挖出的区块时，其他节点对其时间戳的验证取决于其时间戳是否大于前一个区块的时间戳。如果一个矿工使用的时间戳大于当前时间戳，则难度值较低，因为难度值与当前时间戳成反比，因此网络将接受区块时间戳是当前时间戳的矿工，因为它的难度值比较高。如果一个矿工使用的时间戳大于前一个区块时间戳，且小于当前时间戳，难度值会高一些，因此要花费更多时间挖区块。等到区块被挖出的时候，网络可能产生了更多区块，因此该区块会被拒绝，因为往往恶意矿工的区块链难度值会低于网络中的区块链难度值。出于以上原因，矿工总是使用准确的时间戳，否则他们会一无所获。

2.6 随机数

随机数是一个64位未签名证书。随机数是一个问题的解决办法，矿工不断地尝试随机数，直到发现目标值。有人也许会好奇，如果某个矿工拥有的算力比网络中的任何其他矿工都大，他是否总会第一个发现随机数？答案是不会。

每个矿工挖的区块的哈希是不同的，因为哈希取决于如时间戳、矿工地址等内容，而且对于所有矿工来说这些内容很可能是不一样的。因此，解决问题并不是一场比赛，而更像是一件碰运气的事。当然，矿工可能因为算力大而走运，但那并不意味着该矿工总会发现下一个区块。

2.7 区块时间

我们看到的区块难度值公式使用了一个长达10s的阈值，以确保挖出父区块和子区块的时间差在10s和20s之间。但为什么是10～20s，而非其他数值呢？为什么时间差是恒定的，而非难度值是恒定的？

假设有一个恒定的难度值，矿工只需要发现一个随机数使得区块的哈希小于等于该难度值即可。假设该难度值大，且在此情况下，用户又无法估算用户间发送以太币的时间延迟。如果网络算力不足，计算随机数需要较长时间，那么用户需要等待很长时间来确定交易。有时网络算力充足，可能很幸运，很快就发现了随机数，用户交易确认就比较快。这类系统延迟不确定的特点自然很难受到用户青睐，因为用户总想知道需要多长时间完成交易，就像我们从一个银行账户向另一个银行账户汇款，银行会告诉我们在多长时间之内会完成汇款。如果设定的难度值小，它将影响区块链的安全，因为大矿工可以比小矿工更快挖出区块，网络中最大的矿工就会拥有控制 DApp 的能力。不可能发现一个可以使网络稳定的恒定难度值，因为网络算力并非恒定值。

现在我们知道了，为什么总是需要有一个相对稳定的生成区块的平均时间（即区块时间）。问题是最合适的平均时间是多长。它可以短至 1s，长至几乎无限多秒。降低难度值可以使平均时间较短，反之增加难度值可以使平均时间较长。但是，平均时间的长短各有什么优缺点呢？在讨论之前，首先需要知道无效无效块（stale block）是什么。

如果两个矿工用几乎相同的时间挖下一个区块，会发生什么呢？两个区块肯定都是合法的，但是区块链不能包含区块序号相同的两个区块，而且两个矿工都得不到回报。尽管这是个常见问题，解决方法却很简单，最后难度值较高的区块链将被网络接受。所以最后被忽略的合法区块叫作无效无效块。

网络中生成的无效无效块总数与生成新区块所需的平均时间成反比。更短的区块生成时间意味着新挖出来的区块向整个网络广播的时间更短，矿工发现问题解决办法的概率更大，所以当区块向整个网络广播时，其他一些矿工可能也解决了问题并进行了广播，由此产生了无效块。但是如果生成区块的平均时间长一点，多个矿工能解决问题的概率就小一点，而且即使它们都解决了问题，也很可能存在时间差，在这个时间差里，第一个被解决的区块就可以进行广播，另一个矿工就可以停止挖那个区块并继续挖下一个区块。如果无效块在网络中经常出现，就会出现大问题；如果仅是偶尔出现，就对网络没有损害。

但是无效块有什么问题呢？它们延迟了交易确认。当两个矿工几乎同时挖一个区块时，它们可能有不同的交易，因此如果交易出现在其中，就不能说交易已经确认了，因为交易中出现的区块可能是无效块。我们应该等待再挖出几个区块。无效块导致平均确认时间不等于生成区块的平均时间。

无效块会影响区块链安全吗？答案是肯定的。我们知道网络安全由网络中矿工的全部算力衡量。当算力增长时，难度值也要增加，以确保区块不是在平均时间之前生成的。所以更高的难度值意味着更安全的区块链——节点想篡改区块链将需要更多算力，使篡改区块链更困难，因此区块链被认为是更安全的。当几乎同时挖出两个区块时，我们将把网络分成两部分，在两个不同的区块链上工作，但是其中一个将成为最终区块链。所以在无效块上工作的网络是在无效块上挖下一个区块，结果是网络算力损失，因为算力用在了没有用的事情上。网络的两个部分很可能用比平均时间更长的时间去挖下一个区块，因为它们损失了算力。所以，在挖出下一个区块之后，难度值将降低，原因是用于挖区块的时间比平均时间更长。难度值降低会影响整体区块链安全。如果无效块率太高，将在很大程度上影响区块链安全。

以太坊用 ghost 协议解决无效块带来的安全问题。以太坊使用这个真实 ghost 协议的一个修正版本。ghost 协议仅仅把无效块添加到母链上，掩盖了安全问题，由此增加了区块链的整体难度值，因为区块链的整体难度值还包括无效块的难度值之和。但是如何才能在不产生交易冲突的情况下把无效块添加到母链中呢？事实上，任何区块链都可以接纳零个或者多个无效块。为了激励矿工接纳无效块，矿工接纳无效块将得到回报。此外，发现无效块的矿工也将得到回报。无效块中的交易不用于计算确认，无效块矿工也不向无效块接纳的交易收取交易费。注意，在以太坊中，无效块称为“叔块（uncle block)”。

矿工接纳无效块得到的回报计算公式如下。其余回报归侄块（nephew block），即包含孤块（orphan block）的区块：

```
(uncle_block_number + 8 - block_number) * 5 / 8
```

你肯定在奇怪为什么要给无效块矿工回报。即便不给它们任何回报，也不会影响安全。这是因为无效块经常出现在网络中会导致另一个问题，而这个问题可以通过给无效块矿工回报解决。矿工应当得到一定比例的回报，大致相当于它为网络贡献的算力比例。如果两个不同的矿工几乎同时挖出一个区块，则算力比较大的矿工挖出的区块更有可能被添加到最终区块链中，因为该矿工挖下一个区块的效率会比较高，所以小矿工将失去回报。如果无效块比例低，就不是大问题，因为大矿工增加回报的概率不大。但是，如果无效块比例高，就会产生大问题，也就是说，大矿工在网络中最终将得到比它应得的更多的回报。ghost 协议通过回报无效块矿工找到平衡。由于大矿工不拿走全部回报，但是仍比它们应得的多，我们不能对无效块矿工和侄块给予同等回报，而是给得少一点。前面的公式很好地解决了问题。

ghost 协议会限制一个侄块可以指向的无效块总数，这样矿工不会只挖无效块并使区块链生成速度变慢。

所以一旦无效块出现在网络中，它会或多或少地影响网络。无效块出现得越频繁，网络受到的影响越大。

2.8 分叉

在节点验证区块链发生冲突时，会发生分叉（forking），也就是说，在网络中有多于一个区块链，且每个区块链由一些矿工验证。分叉共有三种：普通分叉、软分叉和硬分叉。

普通分叉是由于两个或者多个矿工几乎同时发现了一个区块引起的暂时冲突。如果一个难度值高于另一个，冲突就解决了。

更改源代码可能引起冲突。根据冲突类型，可能要求有 50% 以上算力的矿工升级，也可能要求所有矿工升级，以解决冲突。要求有 50% 以上算力的矿工升级以解决冲突，叫作软分叉；而要求所有矿工升级以解决冲突，叫作硬分叉。软分叉的一个例子是，如果更新源代码使旧区块 / 交易的一部分失效，则有 50% 以上算力的矿工升级后可以解决，这样新的区块链将有更大难度值，最后被整个网络接受。硬分叉的一个例子是，如果更新源代码是为了更改对矿工的回报，则全部矿工需要升级以解决冲突。

以太坊自发布以来经历了多次硬分叉和软分叉。

2.9 创世区块

创世区块（genesis block）是区块链中的第一个区块，其区块序号是 0。它是区块链中唯一一个不指向前一个区块的区块，因为没有前一个区块。它也不包含交易，因为还没产生任何以太币。

只有网络中的两个节点有相同的创世区块，它们才会彼此配对，也就是说，如果两个对等节点有相同的创世区块才会进行同步区块，否则它们将彼此拒绝。不同的创世区块有较高难度值也不能替代难度值较低的。每一个节点生成自己的创世区块。对于不同的网络，创世区块被硬编码到客户端里。

2.10 以太币面值

和其他货币一样，以太币也有多种面值。其面值如下：

- 1 以太币 = 1 000 000 000 000 000 000 wei。
- 1 以太币 = 1 000 000 000 000 000 Kwei。

- 1 以太币 = 1 000 000 000 000 Mwei。
- 1 以太币 = 1 000 000 000 Gwei。
- 1 以太币 = 1 000 000 Szabo。
- 1 以太币 = 1000 Finney。
- 1 以太币 = 0.001 Kether。
- 1 以太币 = 0.000001 Mether。
- 1 以太币 = 0.000000001 Gether。
- 1 以太币 = 0.000000000001 Tether。

2.11 以太坊虚拟机

以太坊虚拟机（Ethereum Virtual Machine，EVM）是以太坊智能合约字节码（byte-code）的执行环境。网络中的每个节点都运行 EVM。所有节点执行使用 EVM 指向智能合约的全部交易，因此它们进行同样的计算，并存储同样的数值。只进行以太币转账（查询该地址是否有余额并相应地扣款）的交易也需要进行一些计算。

出于各种原因，每个节点执行并存储最终状态。例如，如果有一个智能合约存储参加派对的每个人的姓名和细节，只要增加新的人，就向网络广播新的交易。网络中的任何节点想要展示参加派对的每个人的细节，只需读取合约的最终状态即可。

每个交易需要在网络中进行一些计算和存储。因此需要有交易费，否则整个网络里将充斥着垃圾交易，而且没有交易费用矿工就没有理由在区块中接纳交易，它们将开始挖空区块。每个交易需要的计算和存储量有所不同，因此每一个交易的交易成本不同。

有两种 EVM 实现，即字节码 VM 和 JIT-VM。在写本书时，JIT-VM 已交付使用，但其开发仍未结束。在两种情况下，Solidity 代码都被编译成字节码。在 JIT-VM 中，字节码编译更充分。JIT-VM 比字节码 VM 更高效。

2.12 gas

gas（燃料）是计算资源的计量单位。每一个交易都需要包含 gas 上限和为每个 gas 支付费用的单价（即每次计算的价格）。矿工可以选择接纳交易和收取费用。如果交易使用的gas少于或等于gas上限，交易继续进行。如果gas总数超过gas上限，则撤销所有修改，除了仍然合法且矿工仍然能够收到费用（费用计算方法是可以消耗的gas最大值和gas价格相乘）的交易。

矿工决定gas价格（即每次计算的价格）。如果交易gas价格低于矿工决定的gas价格，矿工将拒绝挖交易。gas价格以wei为单位。所以如果gas价格低于期望，矿工可以拒绝将交易接纳入区块。

EVM的每个操作都被分配了一个数字，用以表示它可以消耗的gas。

交易成本影响一个账户可以转账给另一个账户的以太币上限。例如，如果某个账户里共有5个以太币，它不能把全部5个以太币转入其他账户，因为如果把所有以太币都汇走，账户就没有余额支付交易费了。

如果交易调用一个合约方法，且该方法发送一些以太币或者调用一些其他合约方法，就从调用合约方法的账户扣除交易费。

2.13 发现对等节点

节点是网络的一部分，它需要连接到网络中的一些其他节点，这样它可以广播交易 / 区块，并监听新的交易 / 区块。节点不需要连接到网络中的每一个节点；相反，它只连接到几个其他节点，这些节点再连接到另外几个节点。按照这个方式，整个网络彼此连接。

但是节点如何发现网络中的一些其他节点呢？没有每个节点都可以连接到的中央服务器，怎么交换信息呢？ 以太坊有自己的节点发现协议可用于解决这个问题，该协议以Kadelima协议为基础。在节点发现协议中有一种特殊的节点，叫作Bootstrap（初始启动）节点。Bootstrap节点保存了一段时间内与它们连接的所有节点的列表，但其本身不保存区块链。当对等节点连接到以太坊网络时，它们首先连接到Bootstrap节点，Bootstrap节点分享在刚才事先定义的时间里连接到它们的对等节点列表。然后对等节点与对等节点连接并同步。

可以有多种以太坊实例，也就是说，不同的网络每个都有自己的网络ID。两种主要的以太坊网络是主网和测试网。以太币在主网上交易，而测试网供开发人员进行测试。到目前为止，我们已经学习了关于主网区块链的所有知识。

bootnode 是以太坊 Bootstrap 节点最热门的实现。如果用户想使用自己的 Bootstrap 节点，可以使用 bootnode。

2.14　Whisper 和 Swarm

Whisper 和 Swarm 分别是去中心化的通信协议和存储平台，它们都由以太坊开发人员开发的。Whisper 是一个去中心化的通信协议，Swarm 则是一个去中心化的文件系统。

Whisper 允许网络中的节点彼此通信。它支持广播、用户到用户、加密信息等，但不用于传输大数据。想更深入学习 Whisper，请访问 https://github.com/ethereum/wiki/wiki/Whisper, 在 https://github.com/ethereum/wiki/wiki/Whisper-Overview 可以看到代码示例概述。

Swarm 类似于 Filecoin，二者最大的区别是技术细节和激励机制。Filecoin 不惩罚存储；而 Swarm 惩罚存储。因此，这进一步提高了文件可用性。那么，Swarm 中的激励机制如何工作？它有内部货币吗？ 事实上，Swarm 没有内部货币，而是用以太币进行激励。在以太坊中有智能合约，智能合约记录激励情况。显然，智能合约不能与 Swarm 通信，但 Swarm 能与智能合约通信。所以用户基本上通过智能合约向存储付款，该支付在失效后被释放给存储。用户还可以向智能合约报失文件，在此情况下它可以惩罚存储。可以访问 https://github.com/ethersphere/go-ethereum/wiki/IPFS-&-SWARM 了解 Swarm 和 IPFS/Filecoin 之间的区别，访问 https://github.com/ethersphere/go-ethereum/blob/bzz-config/bzz/bzzcontract/swarm.sol 查看智能合约代码。

在写本书时，Whisper 和 Swarm 仍处于开发阶段，许多事情仍不明确。

2.15　geth

geth（或称为 go-ethereum）是以太坊、Whisper 和 Swarm 节点的一个实现。geth 可以成为全部实现或者一些选定实现的一部分。合并它们的目的是让它们看起来像单一的 DApp，通过一个节点客户端就可以访问三个 DApp。

geth 是一种 CLI 应用，它用 Go 语言编写，在主要的操作系统中都可使用。geth

的当前版本还不支持 Swarm，但支持 Whisper 的一些功能。在写本书时，geth 的最新版本是 1.3.5。

2.15.1 安装 geth

geth 可用于 OS X、Linux 和 Windows 操作系统。它支持两种类型的安装：二进制安装和脚本安装。在写本书时，geth 的最新版本是 1.4.13。让我们看看如何使用二进制安装方法在不同操作系统中进行安装。如果用户不得不修改 geth 源代码并安装，请使用脚本安装方法。我们不想改变源代码，因此将采用二进制安装。

1. OS X

推荐在 OS X 中使用 brew 安装 geth。在终端运行下面两个命令安装 geth：

```
brew tap ethereum/ethereum
brew install ethereum
```

2. Ubuntu

推荐在 Ubuntu 中使用 apt-get 安装 geth。在 Ubuntu 终端中运行如下命令安装 geth：

```
sudo apt-get install software-properties-common
sudo add-apt-repository -y ppa:ethereum/ethereum
sudo apt-get update
sudo apt-get install ethereum
```

3. Windows

对于 Windows 来说，geth 是一个可执行文件。从 https://github.com/ethereum/go-ethereum/wiki/Installation-instructions-for-Windows 下载 zip 文件，并解压缩。压缩包中有 geth.exe 文件。

想更多地了解在不同操作系统上安装 geth 的方法，请访问 https://github.com/ethereum/ go-ethereum/wiki/Building-Ethereum。

2.15.2 JSON-RPC 和 JavaScript 操作台

geth 为其他应用提供了与其进行通信的 JSON-RPC API。geth 使用 HTTP、WebSocket 和其他协议服务于 JSON-RPC API。JSONRPC 提供的 API 分成：admin、debug、eth、miner、net、personal、shh、txpool 和 web3 等类型。访问 https://github.

com/ethereum/go-ethereum/wiki/JavaScript-Console 可以了解更多信息。

geth 还提供了一个交互 JavaScript 操作台，可以使用 JavaScript API 进行程序交互。该交互操作台使用 JSON-RPC 与 geth 进行通信。在后面的章节中，我们将学习更多关于 JSON-RPC 和 JavaScript API 的内容。

2.15.3 子命令和选项

让我们通过例子学习 geth 命令的一些重要的子命令和选项。用户可以使用 help 子命令发现所有子命令和选项的列表。我们将在下面学习更多关于 geth 及其命令的知识。

1. 连接至主网网络

以太坊网络中的节点默认用 30303 端口通信。但是节点还可以收听一些端口。

为了连接到主网网络，只需要运行 geth 命令即可。如下是一个例子，展示如何明确指定网络 ID 和指定将存储下载区块链的自定义目录：

```
geth --datadir "/users/packt/ethereum" --networkid 1
```

其中，--datadir 选项用于指定在哪里存储区块链。如果没有提供，默认路径是“$HOME/.ethereum”；

--networkid 用于指定网络 ID。1 代表主网网络 ID。如果没提供网络 ID，默认值是 1。2 代表测试网络 ID。

2. 创建私有网络

要创建私有网络，只需给出一个随机网络 ID 即可。通常创建私有网络的目的是进行开发。geth 还提供了多个与日志和调试相关的标记（flag），这对于开发很有益处。可以简单使用 --dev 标记运行一个私有网络，该网络允许多个与日志和调试相关的标记，而不用给出一个随机网络 ID 并放上多个与日志和调试相关的标记。

2.15.4 创建账户

geth 还允许创建账户，即生成密钥和相关地址。为了创建账户，可以使用下面的命令：

```
geth account new
```

当运行上述命令时，需要输入密码以加密账户。如果忘记密码，就无法访问账户了。

为了在本地钱包获得所有账户的列表，可以使用下面的命令：

```
geth account list
```

执行上述命令将打印账户中所有地址的列表。密钥默认存储在 --datadir 路径中，但用户可以使用 --keystore 选项指定一个不同的目录。

1. 挖矿

默认 geth 不启动挖矿。为了指示 geth 开始挖矿，只需要提供 --mine 选项。还有一些与挖矿相关的选项：

```
    geth --mine --minerthreads 16 --minergpus '0,1,2' --etherbase
'489b4e22aab35053ecd393b9f9c35f4f1de7b194' --unlock
'489b4e22aab35053ecd393b9f9c35f4f1de7b194'
```

除了 --mine 选项之外，这里还给出了其他选项。--minerthreads 选项用于指定哈希过程中使用的线程总数，默认使用 8 个线程。etherbase 是挖矿赚取的回报存入的地址。账户默认是加密的。所以要访问账户中的以太币，就需要解锁，即解码账户。解密用于解码账户相关私钥。为了开始挖矿，不需要解锁它，因为只需要地址就能存入挖矿回报。可以使用 -unlock 选项解锁一个或者多个账户。使用逗号分隔地址可以提供多个地址。

--minergpus 用于指定挖矿使用的 GPU。为了得到 GPU 列表，可以使用 geth gpuinfo 命令。每个 GPU 需要 1～2GB 的 RAM。默认只使用 CPU，而不使用 GPU。

2. 快速同步

在写本书时，区块链大小大约为 30GB。如果用户的网速慢，则下载需要花费几个小时甚至几天。以太坊实现了一种快速同步算法，可以更快地下载区块链。

快速同步（fast synchronization）不下载整个区块，而只下载区块头、交易凭证和最新的状态数据库。因此用户不需要下载和重播全部交易。为了检查区块链的真实性，该算法在每一个已定义的区块序号之后下载一个完整的区块。要更深入地学习快速同步算法，请访问 https://github.com/ethereum/go-ethereum/pull/1889。

为了在下载区块链过程中使用 fast sync，用户需要在运行 geth 的过程中使用 --fast。

出于安全原因，fast sync 只在初始同步时运行（即该节点自身的区块链为空时）。在节点成功与网络同步后，fast sync 就永远禁用了。作为一项额外的安全功能，如果在枢轴点（pivot point）附近或者之后快速同步失败，就会禁用 fast sync，然后节点返回到完整的、以区块处理为基础的同步。

2.16 以太坊钱包

以太坊钱包是一个以太坊 UI 客户端，它允许用户进行创建账户、发送以太币、部署合约、调用合约方法等操作。

以太坊钱包与 geth 捆绑在一起。运行以太坊时，它会尝试发现一个本地 geth 实例并与之连接；如果它不能发现 geth 正在运行，它就启动自己的 geth 节点。以太坊钱包使用 IPC 与 geth 通信。geth 支持以文件为基础的 IPC。

如果在运行 geth 时更改数据目录，就是也在更改 IPC 文件路径。所以为了让以太坊钱包发现并连接到 geth 实例，需要使用 --ipcpath 选项指定 IPC 文件位置为其默认位置，这样以太坊钱包可以发现它；否则，以太坊钱包就不能发现它，将启动自己的 geth 实例。为了发现默认 IPC 文件路径，运行 geth help，它会显示 --ipcpath 选项的默认路径。

请访问 https://github.com/ethereum/mist/releases 下载以太坊钱包。它适用于 Linux、OS X 和 Windows 操作系统。与 geth 一样，它有两种安装方式：二进制安装和脚本安装。

以太坊钱包的示意图如图 2-1 所示。

2.17 浏览器钱包

浏览器钱包（Mist）是以太坊、Whisper 和 Swarm 的一个客户端，它允许用户发送交易、发送 Whisper 信息、检查区块链等。

Mist 和 geth 之间的关系类似于以太坊钱包和 geth。

Mist 最热门的功能是它带有浏览器。目前，浏览器中运行的前端 JavaScript 可以使用 web3.js 库（该库为其他应用提供以太坊操作台的 JavaScript API 与 geth 通信）访问 geth 节点的 web3 API。

Mist 的基本思想是创建第三代 Web（Web 3.0），即使用以太坊、Whisper 和 Swarm 替代中心化服务器端，这样就不需要服务器端了。

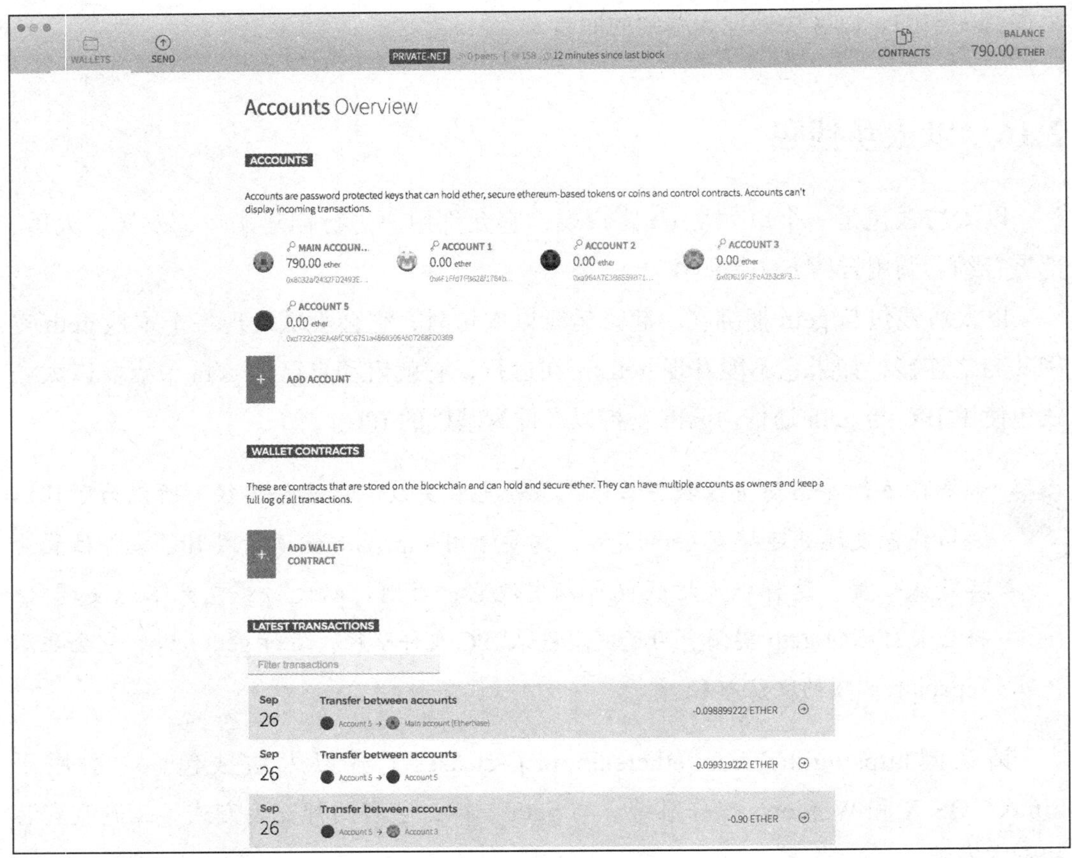

图 2-1　以太坊钱包的示意图

Mist 的示意图如图 2-2 所示。

2.18　以太坊的缺点

每个系统都有一些缺点，同理以太坊也有一些缺点。显然，像其他应用一样，以太坊源代码可能有 bug。它也像其他以网络为基础的应用一样面临着 DoS 攻击。让我们看看以太坊独有的且最重要的缺点。

1. Sybil 攻击

攻击者可能试图用他控制的普通节点占满整个网络，那么用户很有可能只连接到攻击者节点。一旦连接到攻击者节点，攻击者可以拒绝从所有节点转播区块和交易，从而将用户从网络中断开。攻击者只能转播他创建的区块，从而会将用户放到分开的网络上。

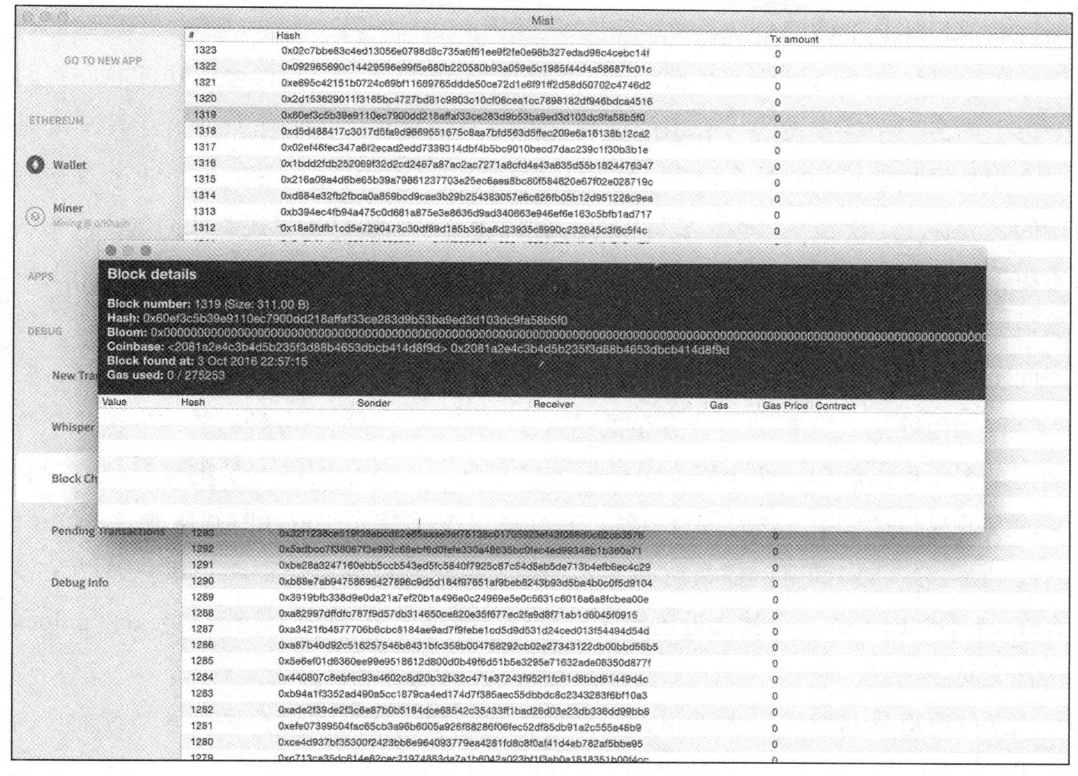

图 2-2　Mist 的示意图

2. 51% 攻击

如果攻击者掌握了网络中一半以上的算力，他就可以比网络中其他人更快地生成区块。攻击者可以保留他的私有分叉，直到分叉比诚实网络创造得更长，然后广播自己的分叉。

拥有 50% 以上的算力，矿工就可以重写交易，阻止全部 / 一些交易被挖出，并阻止其他矿工挖出的区块被添加到区块链中。

2.19　serenity

serenity 是以太坊下一个主要更新的名字。在写本书之时，serenity 仍处于开发阶段。这个更新将要求硬分叉。serenity 把共识协议改为 casper，并将整合状态通道和分片。在写本书时，完整细节尚不明确。

1. 支付和状态通道

在学习状态通道以前，我们需要了解支付通道的概念。支付通道功能允许将两个以上向另一个账户发送以太币的交易合并成两个交易。其工作原理为：假设X是一个视频网站老板，Y是个用户。X每分钟收费1个以太币。现在X想让Y看视频期间每分钟交一次钱。当然，Y可以每分钟广播交易，但是这里还有些问题，例如X不得不等待确认，所以视频就会中断一会。支付通道可以解决这个问题。使用支付通道，Y可以广播一个锁定交易，为X把一些以太币（比如100个以太币）锁定一段时间（比如24小时）。现在每看完一分钟视频，Y将发送一个签名记录表示可以解锁，一个以太币就进入X的账户，其余的进入Y的账户。再过一分钟，Y将发送一个签名记录表示可以解锁，两个以太币就进入X的账户，其余的进入Y的账户。Y观看X网站的视频过程中，该过程将持续。现在假设Y看完了100小时视频或者24小时时间到了，X将向网络广播最后的签名记录，以把钱收到自己的账户里。如果X没有在24小时内提款，全款会返还给Y。所以在区块链中，我们将看到lock和unlock两种交易。

支付通道是与发送以太币相关的交易。类似地，状态通道允许合并与智能合约相关的交易。

2. 权益证明和casper

在学习casper共识协议之前，我们需要理解权益证明（Proof-of-Stake，PoS）共识协议的工作原理。

权益证明是工作量证明最常见的替代共识。工作量证明会浪费大量算力。PoW和PoS之间的区别就是：在PoS中，矿工不需要解决问题；而在Pow中，矿工需要证明挖矿权益的所有权。在PoS系统中，账户中的以太币被当作权益，矿工挖矿的概率与矿工持有的权益成正比。所以如果矿工拥有网络中10%的权益，它将挖到10%的区块。

但问题是怎样才能知道谁将挖下一个区块。我们不能简单地让持有最多权益的矿工总能挖出下一个区块，因为这将导致中心化。对于下一个区块的选择，存在不同的算法，例如随机区块选择和基于币龄的选择。

casper是PoS的一个修订版本，它解决了PoS中的一些问题。

3. 分片

目前，每个节点都需要下载全部交易，数量庞大。按照现在区块链发展的速度，未来用不了几年，下载整个区块链并同步将是非常困难的。

如果用户熟悉分布式数据库架构，那么肯定熟悉分片（sharding）。简言之，分片就是在多个计算机分布数据的方法。以太坊将实现分片，以分割区块链并跨节点分布区块链。

读者可以在 https://github.com/ethereum/wiki/wiki/Sharding-FAQ 学习将区块链分片的知识。

2.20　总结

在本章中，我们具体学习了以太坊的工作原理、区块时间如何影响安全以及以太坊的缺点；还学习了 Mist 和以太坊钱包的概念及其安装方法，以及 geth 的一些重要命令；最后学习了以太坊 serenity 更新中的新内容。

在下一章中，我们将学习存储和保护以太币的不同方法。

Chapter 3 第3章

编写智能合约

在前一章中，我们学习了以太坊区块链的工作原理以及 PoW 共识协议保障其安全性的原理。现在我们已经掌握了以太坊的工作原理，所以是时候开始编写智能合约了。有好几种语言可以用于编写以太坊智能合约，不过 Solidity 是最热门的语言。在本章中，我们将首先学习 Solidity 编程语言。然后创建一个 DApp，用于证明在特定时间的存在、真实性和所有权，即证明一个文件在一个特定时间属于一个特定所有者。

在本章中，我们将讲解以下内容：

- Solidity 源文件的布局。
- 理解 Solidity 的数据类型。
- 合约的特殊变量和函数。
- 控制结构。
- 合约的结构和功能。
- 编译和部署合约。

3.1 Solidity 源文件

Solidity 源文件使用的扩展名为 .sol。与其他编程语言一样，Solidity 有多种版本。在写本书时，其最新版本是 0.4.2。

在源文件中，可以使用 pragma Solidity 说明编写代码时用的编译器版本。例如，

```
pragma Solidity ^0.4.2;
```

现在，源文件不会用低于 0.4.2 的编译器版本，也不会用高于 0.5.0 的编译器版本进行编译（第二个条件使用 ^ 添加）。0.4.2 和 0.5.0 之间的编译器版本最有可能包括 bug 修复。

可以为编译器版本指定更复杂的规则；使用与 npm 一样的表达式。

3.2　智能合约的结构

合约就像一个类（class），其中包含状态变量（state variable）、函数（function）、函数修改器（function modifier）、事件（event）、结构（structure）和枚举（enum）。合约还支持继承，通过在编译时备份代码来实现。最后，合约还支持多态。

下面来看一个智能合约的例子：

```
contract Sample
{
    //state variables
    uint256 data;
    address owner;

    //event definition
    event logData(uint256 dataToLog);

    //function modifier
    modifier onlyOwner() {
        if (msg.sender != owner) throw;
        _;
    }

    //constructor
    function Sample(uint256 initData, address initOwner){
        data = initData;
        owner = initOwner;
    }

    //functions
    function getData() returns (uint256 returnedData){
        return data;
    }

    function setData(uint256 newData) onlyOwner{
        logData(newData);
        data = newData;
    }
}
```

上述代码的工作原理如下：

1）使用 contract 关键字声明一个合约。

2）声明两个状态变量 data 和 owner。data 包含一些数据，owner 包含所有者的以太坊钱包地址，即部署合约者的以太坊地址。

3）定义一个事件（event）。事件用于通知客户端。一旦 data 发生变化，将触发这个事件。所有事件都保存在区块链中。

4）定义一个函数修改器（function modifier）。修改器用于在执行一个函数之前自动检测条件。这里，修改器检测合约所有者是否在调用函数。如果不是，就抛出异常。

5）得到合约构造函数（constructor）。在部署合约时，调用构造函数。构造函数用于初始化状态变量。

6）定义两个方法。第一个方法用于得到 data 状态变量的值，第二个方法用于改变 data 的值。

在更深入地学习智能合约的函数之前，我们先来学习一些与 Solidity 有关的其他知识，然后再回到合约。

3.3 数据位置

截至目前，我们学过的所有编程语言可能都把变量存储在内存中。但是在 Solidity 中，根据情况的不同，变量可能不存储在内存和文件系统中。

根据情况的不同，数据总有一个默认位置。但是对于复杂数据类型，例如字符串（string）、数组（array）和结构类型（struct），可以用向类型添加 storage 或者 memory 进行重写。函数参数（包括返回参数）默认用 memory，本地变量默认用 storage。显然，对于状态变量来说，位置强制用 storage。

数据位置很重要，因为它们会改变分配的行为：

- storage 变量和 memory 变量之间的分配总是创建一个独立的备份。但如果分配是从 memory 存储的一种复杂类型到另一种复杂类型，则不创建备份。
- 到一个状态变量的分配（即使是来自其他状态变量）总是创建一个独立的备份。
- 不能把 memory 中存储的复杂类型分配给本地存储变量。

- 在分配状态变量给本地存储变量的情况下，本地存储变量指向状态变量，也就是说，本地存储变量变为指针。

3.4 什么是不同的数据类型

Solidity 是一种静态类型语言，变量存储的数据类型需要预先定义。所有变量默认值都是 0。在 Solidity 中，变量是有函数作用范围的，也就是说，在函数中任何地方声明的变量将对整个函数存在适用范围，无论它是在哪里声明的。

现在让我们看看 Solidity 提供的不同数据类型：

- 最简单的数据类型是布尔值，可以是 true 或者 false。
- uint8，uint16，uint24，…，uint256 分别用于存储无符号的 8 位，16 位，24 位，…，256 位整数。同理，int8，int16，…，int256 分别用于存储 8 位，16 位，24 位，…，256 位整数。uint 和 int 是 uint256 和 int256 的别名。类似于 uint 和 int，ufixed 和 fixed 代表分数。ufixed0x8，ufixed0x16，…，ufixed0x256 分别用于存储未签名的 8 位，16 位，24 位，…，256 位分数。同理，fixed0x8，fixed0x16，…，fixed0x256 分别用于存储 8 位，16 位，24 位，…，256 位分数。如果一个数字超过 256 位，则使用 256 位数据类型存储该数字的近似值。
- address 可以用于存储最大 20 字节的值（十六进制表示）。它用于存储以太坊地址。address 类型有两个属性：balance 和 send。balance 用于检测地址余额，send 用于向地址发送以太币。send 方法拿出需要转账那些数量的 wei，并根据转账是否成功返回 true 或者 false。wei 从调用 send 方法的合约中扣除。用户可以在 Solidity 中使用 0x 前缀给变量分配一个十六进制的数值。

3.4.1 数组类型

Solidity 支持 generic 和 byte 两种数组类型。它们支持固定长度和动态长度两种数组，也支持多维数组。

bytes1，bytes 2，bytes3，……，bytes32 是字节数组的类型。byte 是 bytes 1 的别名。

下面给出了 generic 数组语法的一个示例：

```
contract sample{
    //dynamic size array
    //wherever an array literal is seen a new array is created. If the
array literal is in state than it's stored in storage and if it's found
inside function than its stored in memory
    //Here myArray stores [0, 0] array. The type of [0, 0] is decided based
on its values.
    //Therefore you cannot assign an empty array literal.
    int[] myArray = [0, 0];

    function sample(uint index, int value){

        //index of an array should be uint256 type
        myArray[index] = value;

        //myArray2 holds pointer to myArray
        int[] myArray2 = myArray;

        //a fixed size array in memory
        //here we are forced to use uint24 because 99999 is the max value
and 24 bits is the max size required to hold it.
        //This restriction is applied to literals in memory because memory
is expensive. As [1, 2, 99999] is of type uint24 therefore myArray3 also
has to be the same type to store pointer to it.
        uint24[3] memory myArray3 = [1, 2, 99999]; //array literal

        //throws exception while compiling as myArray4 cannot be assigned
to complex type stored in memory
        uint8[2] myArray4 = [1, 2];
    }
}
```

关于数组的重要内容如下：

- 数组还有 length 属性，用于发现数组的长度。用户还可以给 length 属性分配一个值，以改变数组大小，但不可以在内存中改变数组大小，也不可以改变非动态数组大小。
- 如果想访问动态数组的未设置索引（unset index），会抛出异常。

记住：array、structs 和 map 都不可以用作函数参数，也不可以用作函数返回值。

3.4.2 字符串类型

在 Solidity 中，有两种方法创建字符串：使用 bytes 和 string。bytes 用于创建原始字符串，而 string 用于创建 UTF-8 字符串。字符串长度总是动态的。

下面给出了字符串语法的一个示例：

```
contract sample{
    //wherever a string literal is seen a new string is created. If the
string literal is in state than it's stored in storage and if it's found
inside function than its stored in memory
    //Here myString stores "" string.
    string myString = "";  //string literal
    bytes myRawString;

    function sample(string initString, bytes rawStringInit){
        myString = initString;

        //myString2 holds a pointer to myString
        string myString2 = myString;

        //myString3 is a string in memory
        string memory myString3 = "ABCDE";

        //here the length and content changes
        myString3 = "XYZ";
        myRawString = rawStringInit;

        //incrementing the length of myRawString
        myRawString.length++;

        //throws exception while compiling
        string myString4 = "Example";

        //throws exception while compiling
        string myString5 = initString;
    }
}
```

3.4.3　结构类型

Solidity 还支持结构类型（struct）。下面给出了 struct 语法的一个示例：

```
contract sample{
    struct myStruct {
        bool myBool;
        string myString;
    }

    myStruct s1;

    //wherever a struct method is seen a new struct is created. If the
struct method is in state than it's stored in storage and if it's found
inside function than its stored in memory
    myStruct s2 = myStruct(true, ""); //struct method syntax

    function sample(bool initBool, string initString){

        //create a instance of struct
```

```
        s1 = myStruct(initBool, initString);

        //myStruct(initBool, initString) creates a instance in memory
        myStruct memory s3 = myStruct(initBool, initString);
    }
}
```

注意：函数参数不可以是结构类型，且函数不可以返回结构类型。

3.4.4 枚举类型

Solidity 还支持枚举类型（enum）。下面给出了 enum 语法的一个示例：

```
contract sample {

    //The integer type which can hold all enum values and is the smallest
is chosen to hold enum values
    enum OS { Windows, Linux, OSX, UNIX }

    OS choice;

    function sample(OS chosen){
        choice = chosen;
    }

    function setLinuxOS(){
        choice = OS.Linux;
    }

    function getChoice() returns (OS chosenOS){
        return choice;
    }
}
```

3.4.5 mapping 类型

mapping 数据类型是一个哈希表。mapping 类型只可以存在于 storage 中，不存在于 memory 中，因此它们是作为状态变量声明的。可以认为 mapping 类型包含 key/value 对，不是实际存储 key，而是存储 key 的 keccak256 哈希，用于查询 value。mapping 类型没有长度。mapping 不可以被分配给另一个 mapping。

下面给出了一个创建和使用 mapping 的示例：

```
contract sample{
    mapping (int => string) myMap;

    function sample(int key, string value){
        myMap[key] = value;
```

```
        //myMap2 is a reference to myMap
        mapping (int => string) myMap2 = myMap;
    }
}
```

记住：如果想访问 mapping 中不存在的 key，返回的 value 均为 0。

3.4.6 delete 操作符

delete 操作符可以用于任何变量，将其设置成默认值。默认值均为 0。

如果对动态数组使用 delete 操作符，则删除所有元素，其长度变为 0。如果对静态数组使用 delete 操作符，则重置所有索引。还可以通过对特定索引位置使用 delete 来重置索引。

如果对 map 类型使用 delete 操作符，什么都不会发生。但是如果对 map 类型的一个键使用 delete 操作符，则会删除与该键相关的值。

下面给出了 delete 操作符的一个示例：

```
contract sample {

    struct Struct {
        mapping (int => int) myMap;
        int myNumber;
    }

    int[] myArray;
    Struct myStruct;

    function sample(int key, int value, int number, int[] array) {

        //maps cannot be assigned so while constructing struct we ignore
the maps
        myStruct = Struct(number);

        //here set the map key/value
        myStruct.myMap[key] = value;

        myArray = array;
    }

    function reset(){

        //myArray length is now 0
        delete myArray;

        //myNumber is now 0 and myMap remains as it is
        delete myStruct;
    }
```

```
    function deleteKey(int key){

        //here we are deleting the key
        delete myStruct.myMap[key];
    }

}
```

3.4.7 基本类型之间的转换

除了数组类型、字符串类型、结构类型、枚举类型和 map 类型外，其他类型均称为基本类型。

如果把一个操作符应用于不同的类型，编译器将尝试把一个操作数隐式转换为另一种类型。通常来说，如果没有语义信息丢失，值和类型之间可以进行隐式转换：uint8 可转换为 uint16，int128 可转换为 int256，但是 int8 不可转换为 uint256（因为 uint256 不能存储，例如 -1）。此外，无符号整数可以转换成同等大小或者更大的字节，但是反之则不然。任何可以转换成 uint160 的类型都可以转换成地址。

Solidity 也支持显式转换。所以，如果编译器不允许在两种数据类型之间隐式转换，则可以进行显式转换。建议尽量避免显式转换，因为可能返回难以预料的结果。

来看一个例子：

```
uint32 a = 0x12345678;
uint16 b = uint16(a); // b will be 0x5678 now
```

这里是将 uint32 类型显式转换为 uint16，也就是说，把较大类型转换为较小类型，因此高位被砍掉了。

3.4.8 使用 var

Solidity 提供了用于声明变量的 var 关键字。变量类型根据分配给它的第一个值来动态确定。一旦分配了值，类型就固定了，所以如果给它指定另一个类型，将引起类型转换。示例如下：

```
int256 x = 12;

//y type is int256
var y = x;

uint256 z= 9;

//exception because implicit conversion not possible
y = z;
```

记住：在定义数组 array 和 map 时不能使用 var。var 也不能用于定义函数参数和状态变量。

3.5　控制结构

Solidity 支持 if、else、while、for、break、continue、return、?：等控制结构。下面给出了控制结构的一个示例：

```
contract sample{
    int a = 12;
    int[] b;

    function sample()
    {
        //"==" throws exception for complex types
        if(a == 12)
        {
        }
        else if(a == 34)
        {
        }
        else
        {
        }

        var temp = 10;

        while(temp < 20)
        {
            if(temp == 17)
            {
                break;
            }
            else
            {
                continue;
            }

            temp++;
        }

        for(var iii = 0; iii < b.length; iii++)
        {

        }
    }
}
```

3.6 用 new 操作符创建合约

一个合约可以使用 new 关键字来创建一个新合约，但前提是必须知道新创建的合约的完整代码。示例如下：

```
contract sample1
{
    int a;

    function assign(int b)
    {
        a = b;
    }
}


contract sample2{
    function sample2()
    {
        sample1 s = new sample1();
        s.assign(12);

    }
}
```

3.7 异常

在一些情况下，异常会被自动抛出。也可以使用 throw 手动抛出异常。抛出异常会停止回滚目前执行的调用（也就是说，撤销对状态和余额的所有改变）。捕获异常是不可能的：

```
contract sample
{
    function myFunction()
    {
        throw;
    }
}
```

3.8 外部函数调用

在 Solidity 中，有两种函数调用：内部函数调用和外部函数调用。内部函数调用是指一个函数在同一个合约中调用另一个函数。

外部函数调用是指一个函数调用另一个合约的函数。示例如下：

```
contract sample1
{
    int a;

    //"payable" is a built-in modifier
    //This modifier is required if another contract is sending Ether while
calling the method
    function sample1(int b) payable
    {
        a = b;
    }

    function assign(int c)
    {
        a = c;
    }
    function makePayment(int d) payable
    {
        a = d;
    }
}


contract sample2{

    function hello()
    {
    }

    function sample2(address addressOfContract)
    {
        //send 12 wei while creating contract instance
        sample1 s = (new sample1).value(12)(23);

        s.makePayment(22);

        //sending Ether also
        s.makePayment.value(45)(12);

        //specifying the amount of gas to use
        s.makePayment.gas(895)(12);

        //sending Ether and also specifying gas
        s.makePayment.value(4).gas(900)(12);

        //hello() is internal call whereas this.hello() is external call
        this.hello();

        //pointing a contract that's already deployed
        sample1 s2 = sample1(addressOfContract);

        s2.makePayment(112);

    }
}
```

使用 this 关键字进行的调用称为外部调用。在函数中，this 关键字代表当前合约实例。

3.9 合约功能

现在是时候深入学习合约了。我们将看看一些新的功能，还将深入学习已经见过的一些功能。

3.9.1 可见性

函数或者状态变量的可见性定义了谁可以看到它。函数和状态变量有四种可见性：external、public、internal 和 private。

函数可见性默认为 public，状态变量可见性默认为 internal。各可见性函数的含义如下：

- external。外部函数只能由其他合约调用，或者通过交易调用。外部函数 f 不能被内部函数调用，也就是说，f() 没有用，但是 this.f() 有用。不能把 external 可见性应用到状态变量。
- public。公共函数和状态变量可以用所有可行办法访问。编译器生成的存取器（accessor）函数都是公共状态变量。用户不能创建自己的存取器。事实上，它只生成 getters，而不生成 setters。
- internal。内部函数和状态变量只可以内部访问，也就是说，从当前合约内和继承它的合约访问。不可以使用 this 访问它。
- private。私有函数和状态变量类似于内部函数，但是继承合约不可以访问它们。

下面给出了可见性和存取器（accessor）的一个示例：

```
contract sample1
{
    int public b = 78;
    int internal c = 90;

    function sample1()
    {
        //external access
        this.a();
```

```
        //compiler error
        a();

        //internal access
        b = 21;

        //external access
        this.b;

        //external access
        this.b();

        //compiler error
        this.b(8);

        //compiler error
        this.c();

        //internal access
        c = 9;
    }

    function a() external
    {

    }
}

contract sample2
{
    int internal d = 9;
    int private e = 90;
}

//sample3 inherits sample2
contract sample3 is sample2
{
    sample1 s;

    function sample3()
    {
        s = new sample1();

        //external access
        s.a();

        //external access
        var f = s.b;

        //compiler error as accessor cannot used to assign a value
        s.b = 18;
```

```
        //compiler error
        s.c();

        //internal access
        d = 8;

        //compiler error
        e = 7;
    }
}
```

3.9.2 函数修改器

我们之前看到了函数修改器（function modifier）的概念，还编写了一个基本的函数修改器，现在来深入学习修改器。

修改器由子合约（child contract）继承，且子合约可以对其重写。可以通过用空格分隔的列表指定修改器将多个修改器应用到一个函数，并将多个修改器按顺序估值；还可以向修改器传送实参。

在修改器中，无论下一个修改器体或者函数体二者哪个先到达，会被插入到“_”；出现的地方。

让我们来看一个函数修改器的复杂代码例子：

```
contract sample
{
    int a = 90;

    modifier myModifier1(int b) {
        int c = b;
        _;
        c = a;
        a = 8;
    }

    modifier myModifier2 {
        int c = a;
        _;
    }

    modifier myModifier3 {
        a = 96;
        return;
        _;
        a = 99;
    }

    modifier myModifier4 {
        int c = a;
```

```
        _;
    }

    function myFunction() myModifier1(a) myModifier2 myModifier3 returns
(int d)
    {
        a = 1;
        return a;
    }
}
```

myFunction() 的执行代码如下：

```
int c = b;
    int c = a;
        a = 96;
        return;
            int c = a;
                a = 1;
                return a;
        a = 99;
c = a;
a = 8;
```

在上述代码中调用 myFunction() 方法时，将返回 0。但是之后访问状态变量 a 时，将得到 8。

修改器或者函数体中的 return（返回）立即离开整个函数，返回值被分配成它需要成为的任何变量。

就函数来说，return 之后的代码在调用者的代码完成运行后再执行。就修改器来说，上述修改器中的“_;”之后的代码在调用者的代码完成运行后再执行。在上面的例子中，第 5、6 和 7 行从未执行过。在第 4 行之后，执行从第 8～10 行开始。

修改器中的 return 不可以有相关值，它总是返回全 0。

3.9.3　回退函数

一个合约可以有唯一的未命名函数，称为回退函数（fallback function）。该函数不能有实参，不能返回任何值。如果其他函数都不能匹配给定的函数标识符，就在合约调用上执行回退函数。

当合约不用任何函数调用就接收以太币（即交易发送以太币给合约却不调用任何方法）时，也执行该函数。在此情况下，用于函数调用的 gas 通常很少（准确地说是 2 300 gas），所以使回退函数尽可能便宜很重要。

接收以太币但是却不定义回退函数的合约会抛出异常，把以太币发送回去。所以如果你想让你的合约接收以太币，就必须要实现回退函数。

下面给出了回退函数的一个示例：

```
contract sample
{
    function() payable
    {
        //keep a note of how much Ether has been sent by whom
    }
}
```

3.9.4 继承

Solidity 通过代码备份（包括多态）支持多重继承（multiple inheritance）。即使一个合约继承自其他多个合约，在区块链上也只创建一个合约，来自父合约（parent contract）的代码总是被复制到最终合约里。示例如下：

```
contract sample1
{
    function a(){}

    function b(){}
}


//sample2 inherits sample1
contract sample2 is sample1
{
    function b(){}
}

contract sample3
{
    function sample3(int b)
    {

    }
}

//sample4 inherits from sample1 and sample2
//Note that sample1 is also parent of sample2, yet there is only a single
instance of sample1
contract sample4 is sample1, sample2
{
    function a(){}

    function c(){

        //this executes the "a" method of sample3 contract
        a();
```

```
        //this executes the 'a" method of sample1 contract
        sample1.a();

        //calls sample2.b() because it's in last in the parent contracts
list and therefore it overrides sample1.b()
        b();
    }
}

//If a constructor takes an argument, it needs to be provided at the
constructor of the child contract.
//In Solidity child constructor doesn't call parent constructor instead
parent is initialized and copied to child
contract sample5 is sample3(122)
{

}
```

1. super 关键字

super 关键字用于引用最终继承链中的下一个合约，示例如下：

```
contract sample1
{
}

contract sample2
{
}

contract sample3 is sample2
{
}

contract sample4 is sample2
{
}

contract sample5 is sample4
{
    function myFunc()
    {
    }
}

contract sample6 is sample1, sample2, sample3, sample5
{
    function myFunc()
    {
        //sample5.myFunc()
        super.myFunc();
    }
}
```

其中，引用 sample6 合约的最终继承链是 sample6、sample5、sample4、sample2、sample3 和 sample1。继承链始于衍生最充分的合约，终于衍生最不充分的合约。

2. 抽象合约

仅包含函数原型而不包含函数实现的合约称为抽象合约（abstract contract）。这些合约不能被编译（即使包含实现函数和非实现函数）。如果一个合约继承自抽象合约且不重写并实现所有非实现函数，那么它自己也是抽象的。

抽象合约仅在创建编译器已知的接口时提供。这在引用已部署的合约和调用其函数时是很有用的。示例如下：

```
contract sample1
{
    function a() returns (int b);
}


contract sample2
{
    function myFunc()
    {
        sample1 s = sample1(0xd5f9d8d94886e70b06e474c3fb14fd43e2f23970);

        //without abstract contract this wouldn't have compiled
        s.a();
    }
}
```

3.10 库

库类似于合约，但其目的是在一个特定地址只部署一次，且其代码由不同合约反复使用。这意味着如果调用库函数，其代码在调用合约（calling contract）中执行，也就是说，this 指向调用合约，特别是来自调用合约的 storage 可以被访问。由于库是源代码中独立的一部分，它只能访问调用合约的状态变量，如果这些变量是显式的（否则无法命名这些变量）。

库没有状态变量——它们不支持继承，也不能接收以太币。库可以包含结构类型（struct）和枚举类型（enum）。

一旦在区块链中部署 Solidity 库，任何知道其地址和源代码（只知道原型或者知道完整实现）的人都可以使用它。Solidity 编译器需要有源代码，这样能确保所欲访问的方法在库中真实存在。示例如下：

```
library math
{
    function addInt(int a, int b) returns (int c)
    {
        return a + b;
    }
}

contract sample
{
    function data() returns (int d)
    {
        return math.addInt(1, 2);
    }
}
```

不能在合约源代码中添加库地址，而是需要在编译时向编译器提供库地址。

库有许多使用示例。两个主要的示例如下：

- 如果有许多合约，它们有一些共同代码，则可以把共同代码部署成一个库。这将节省 gas，因为 gas 也依赖于合约的规模。因此，可以把库想象成使用其合约的基础合约。使用基础合约（而非库）切分共同代码不会节省 gas，因为在 Solidity 中，继承通过复制代码工作。由于库被当作基础合约，库里面带有内部可视性的函数被复制给使用它的合约；否则，库里面带有内部可视性的函数不能被使用这个库的合约调用，因为这需要外部调用，而带有内部可视性的函数不能通过外部调用被调用。此外，库里的 structs 和 enums 被复制给使用这个库的合约。
- 库可用于给数据类型添加成员函数。

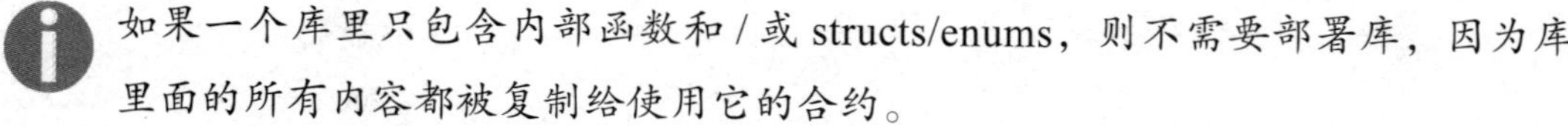

如果一个库里只包含内部函数和 / 或 structs/enums，则不需要部署库，因为库里面的所有内容都被复制给使用它的合约。

using for

using A for B 这条指令可用于连接库函数（从库 A 到任意类型 B）。这些函数将被调用的对象作为它们的第一个参数接收。

using A for * 的结果表示来自库 A 的函数被连接到所有类型。示例如下：

```
library math
{
    struct myStruct1 {
        int a;
```

```
    }

    struct myStruct2 {
        int a;
    }

    //Here we have to make 's' location storage so that we get a reference.
    //Otherwise addInt will end up accessing/modifying a different instance
of myStruct1 than the one on which its invoked
    function addInt(myStruct1 storage s, int b) returns (int c)
    {
        return s.a + b;
    }

    function subInt(myStruct2 storage s, int b) returns (int c)
    {
        return s.a + b;
    }
}

contract sample
{
    //"*" attaches the functions to all the structs
    using math for *;
    math.myStruct1 s1;
    math.myStruct2 s2;

    function sample()
    {
        s1 = math.myStruct1(9);
        s2 = math.myStruct2(9);

        s1.addInt(2);

        //compiler error as the first parameter of addInt is of type
myStruct1 so addInt is not attached to myStruct2
        s2.addInt(1);
    }
}
```

3.11 返回多值

Solidity 允许函数返回多值（multiple values），示例如下：

```
contract sample
{
    function a() returns (int a, string c)
    {
        return (1, "ss");
    }
```

```
    function b()
    {
        int A;
        string memory B;

        //A is 1 and B is "ss"
        (A, B) = a();

        //A is 1
        (A,) = a();

        //B is "ss"
        (, B) = a();
    }
}
```

3.12　导入其他 Solidity 源文件

Solidity 允许一个源文件导入其他源文件，示例如下：

```
//This statement imports all global symbols from "filename" (and symbols
imported there) into the current global scope. "filename" can be a absolute
or relative path. It can only be a HTTP URL
import "filename";

//creates a new global symbol symbolName whose members are all the global
symbols from "filename".
import * as symbolName from "filename";

//creates new global symbols alias and symbol2 which reference symbol1 and
symbol2 from "filename", respectively.
import {symbol1 as alias, symbol2} from "filename";

//this is equivalent to import * as symbolName from "filename";.
import "filename" as symbolName;
```

3.13　全局可用变量

有些特殊变量和函数永远存在于全局中。

3.13.1　区块和交易属性

区块和交易属性有如下几项：

- block.blockhash（uint blockNumber）returns（bytes32）。给定区块的哈希值，只支持最近 256 个区块。
- block.coinbase（address）。当前区块矿工的地址。

- block.difficulty（uint）。当前区块的难度值。
- block.gaslimit（uint）。当前区块的 gas 上限。它定义了整个区块中的所有交易一起最多可以消耗多少 gas。其目的是使区块的传播和处理时间保持在较低水平，这样才能有足够去中心化的网络。矿工有权利将当前区块的 gas 上限设置为上一个区块的 gas 上限 ~0.0975%（1/1,024）以内的数值，所以 gas 上限的结果应当是矿工偏好的中间值。
- block.number（uint）。当前区块的序号。
- block.timestamp（uint）。当前区块的时间戳。
- msg.data（bytes）。完整的调用数据里存储的函数及其实参。
- msg.gas（uint）。当前剩余的 gas。
- msg.sender（address）。当前调用发起人的地址。
- msg.sig（bytes4）。调用数据的前四个字节（函数标识符）。
- msg.value（uint）。这个消息所附带的货币量，单位为 wei。
- now（uint）。当前区块的时间戳，等同于 block. timestamp。
- tx.gasprice（uint）。交易的 gas 价格。
- tx.origin（address）。交易的发起人（完整的调用链）。

3.13.2 地址类型相关

地址类型相关变量如下：

- <address>.balance（uint256）。地址余额，单位为 wei。
- <address>.send（uint256 amount）returns（bool）。发送指定数量的 wei 到地址，失败时返回 false。

3.13.3 合约相关

合约相关变量如下：

- this。当前合约，可显式转换成地址类型。
- selfdestruct（address recipient）。销毁当前合约，把其中的资金发送到指定地址。

3.14 以太币单位

一个数字可以用 wei、finney、szabo 或者 Ether 等单位转换不同面值的以太币。以太币如果不标明货币单位，就默认以wei为单位，例如，2Ether可转换成2000finney。

3.15 存在、真实性和所有权合约的证明

本节将编写一个不用出示实际文件就可以证明文件所有权的Solidity合约。它可以证明该文件在某个特定时间存在，并最终检查文件真实性（integrity）。

将成对存储文件哈希和所有者名字以实现所有权证明（Proof of Owernership，PoO），成对存储文件哈希和区块时间戳以实现存在证明（Proof of Existence，PoE）。最后，存储哈希自身证明文件真实性，也就是说，如果文件被修改了，则它的哈希会随之改变，合约就不能发现任何这样的文件了，由此证明文件被修改了。

相关智能合约的代码如下：

```
contract Proof
{
    struct FileDetails
    {
        uint timestamp;
        string owner;
    }

    mapping (string => FileDetails) files;

    event logFileAddedStatus(bool status, uint timestamp, string owner,
string fileHash);

    //this is used to store the owner of file at the block timestamp
    function set(string owner, string fileHash)
    {
        //There is no proper way to check if a key already exists or not
therefore we are checking for default value i.e., all bits are 0
        if(files[fileHash].timestamp == 0)
        {
            files[fileHash] = FileDetails(block.timestamp, owner);

            //we are triggering an event so that the frontend of our app
knows that the file's existence and ownership details have been stored
            logFileAddedStatus(true, block.timestamp, owner, fileHash);
        }
        else
        {
            //this tells to the frontend that file's existence and
ownership details couldn't be stored because the file's details had already
been stored earlier
```

```
            logFileAddedStatus(false, block.timestamp, owner, fileHash);
        }
    }

    //this is used to get file information
    function get(string fileHash) returns (uint timestamp, string owner)
    {
        return (files[fileHash].timestamp, files[fileHash].owner);
    }
}
```

3.16 编译和部署合约

以太坊提供了 solc 编译器，其中提供一个命令行界面编译 .sol 文件，请访问如下网址：http://solidity.readthedocs.io/en/develop/installing-solidity.html#binary-packages 找到安装指南，并访问 https://Solidity.readthedocs.io/en/develop/using-the-compiler.html 找到使用指南。我们不会直接使用 solc 编译器；而是使用 solcjs 和 Browser Solidity。Solcjs 允许在 node.js 中以编程方式编译 Solidity，而 Browser Solidity 是一个适用于小型合约的 IDE（集成开发环境）。

现在使用以太坊提供的浏览器编译前面的合约。如需深入相关知识，请访问 https://Ethereum.github.io/browser-Solidity/。用户还可以下载 Browser Solidity 源代码，并离线使用。请访问 https://github.com/Ethereum/browser-Solidity/tree/gh-pages 进行下载。

使用 browser Solidity 的主要优点是，它提供了一个编辑器（editor），并生成代码以部署合约。

在编辑器中，复制粘贴前面的合约代码。将看到它编译并提供 web3.js 代码，以使用 geth 交互操作台进行部署。

输出如下：

```
var proofContract =
web3.eth.contract([{"constant":false,"inputs":[{"name":"fileHash","type":"s
tring"}],"name":"get","outputs":[{"name":"timestamp","type":"uint256"},{"na
me":"owner","type":"string"}],"payable":false,"type":"function"},{"constant
":false,"inputs":[{"name":"owner","type":"string"},{"name":"fileHash","type
":"string"}],"name":"set","outputs":[],"payable":false,"type":"function"},{
"anonymous":false,"inputs":[{"indexed":false,"name":"status","type":"bool"}
,{"indexed":false,"name":"timestamp","type":"uint256"},{"indexed":false,"na
me":"owner","type":"string"},{"indexed":false,"name":"fileHash","type":"str
ing"}],"name":"logFileAddedStatus","type":"event"}]);
var proof = proofContract.new(
  {
```

```
    from: web3.eth.accounts[0],
    data: '60606040526......,
    gas: 4700000
  }, function (e, contract){
   console.log(e, contract);
  if (typeof contract.address !== 'undefined') {
    console.log('Contract mined! address: ' + contract.address + '
transactionHash: ' + contract.transactionHash);
  }
})
```

data 代表 EVM 理解的字节码（bytecode）。源代码首先转换成 opcode，然后再转换成字节码。每个 opcode 都有相关 gas。

web3.eth.contract 的第一个实参是 ABI 定义。在创建交易时使用 ABI 定义，因为它包含所有方法的原型。

现在在开发者模式下启用挖矿，运行 geth。运行如下命令：

```
geth --dev --mine
```

现在打开另一个命令行窗口，在其中输入下面的命令，以打开 geth 的交互 JavaScript 操作台：

```
geth attach
```

这将使 JS 操作台连接到在另一个窗口运行的 geth 实例上。

在 browser Solidity 的右侧复制 web3 部署文本框的全部内容，并将其粘贴到交互操作台上。现在按 <Enter> 键，将首先得到交易哈希值，待交易被挖出来之后，将得到合约地址。交易哈希值是该交易的，每个交易的哈希都不一样。每个被部署的合约都有一个独特的合约地址，以便在区块链中标识合约。

合约地址是确定的，它由生成器（creator）的地址（from address）和生成器发送的交易数量（交易随机数）计算得到。这二者用 RLP 编码，然后使用 keccak-256 hashing 算法进行哈希计算。我们在后面还将深入学习交易随机数。若要更深入地学习 RLP，请访问 https://github.com/Ethereum/wiki/wiki/RLP。

下面存储文件细节并检索。

用如下代码广播交易以存储文件细节：

```
var contract_obj =
proofContract.at("0x9220c8ec6489a4298b06c2183cf04fb7e8fbd6d4");
contract_obj.set.sendTransaction("Owner Name",
"e3b0c44298fc1c149afbf4c8996fb92427ae41e4649b934ca495991b7852b855", {
 from: web3.eth.accounts[0],
}, function(error, transactionHash){
```

```
  if (!err)
    console.log(transactionHash);
})
```

这里用得到的合约地址代替合约地址。proofContract.at 方法的第一个实参是合约地址。这里并没有提供 gas，它是自动计算的。

下面发现文件细节。为了发现文件细节，运行如下代码：

```
contract_obj.get.call("e3b0c44298fc1c149afbf4c8996fb92427ae41e4649b934ca495
991b7852b855");
```

会得到这样的输出：

```
[1477591434, "Owner Name"]
```

call 方法用于在 EVM 当前状态上调用一个合约的方法。它不广播交易。若要读取数据，则不需要广播，因为会有自己的区块链复制。

我们将在后面的几章中更多地学习 web3.js。

3.17 总结

在本章中，我们学习了 Solidity 编程语言以及数据位置、数据类型和合约的高级功能，还学习了编译和部署智能合约最快速、最简便的方法，接下来应该放心地编写智能合约了。

在下一章中，我们将创建智能合约前端，这有利于部署智能合约和运行交易。

第 4 章 Chapter 4

开始使用 web3.js

在前一章中，我们学习了编写智能合约的方法以及使用 web3.js 在 geth 交互接口上部署和广播交易。在本章中，我们将学习 web3.js 的相关内容，包括如何导入、如何连接到 geth 以及如何在 node.js 或者客户端 JavaScript 中使用它，还将学习如何使用 web3.js 为前一章中的智能合约创建 web 客户端。

在本章中，我们将讲解以下内容：

- 在 node.js 和客户端 JavaScript 中导入 web3.js。
- 将 web3.js 连接到 geth。
- 探索用 web3.js 可以做的各种事。
- 探索 web3.js 最常用的几个 API。
- 为所有权合约创建 node.js 应用。

4.1 web3.js 概述

web3.js 提供了用于和 geth 通信的 JavaScript API。它内部使用 JSON-RPC 与 geth 通信。web3.js 还可以与所有种类的、支持 JSON-RPC 的以太坊节点通信。它把所有 JSON-RPC API 当作 JavaScript API，也就是说，它不仅支持所有与以太坊相关的 API，还支持与 Whisper 和 Swarm 相关的 API。

随着不同项目的创建，我们会越来越了解 web3.js。目前我们先来看一些最常用的 web3.js API，然后使用 web3.js 创建一个所有权智能合约前端。

在写本书时，web3.js 的最新版本是 0.16.0。本章所述内容也是这个版本。

web3.js 托管在 https://github.com/ethereum/web3.js，完整文档在 https://github.com/ethereum/wiki/wiki/JavaScript-API。

4.1.1 导入 web3.js

为了在 node.js 中使用 web3.js，可以在项目目录中运行 npm install web3，且在源代码中可以使用“require("web3");”导入它。

为了在客户端 JavaScript 使用 web3.js，可以使 web3.js 文件入队，该文件可以在项目源代码的 dist 目录中找到。现在，Web3 对象对全局可用。

4.1.2 连接至节点

web3.js 可以与使用 HTTP 或者 IPC 的节点通信。我们将使用 HTTP 与节点建立通信。web3.js 允许与多个节点建立连接。一个 web3 实例代表与节点的一个连接。该实例公开了 API。

当在 Mist 中运行一个 App 时，它自动使一个连接到 mist 节点的 web3 实例可用。实例变量名是 web3。

为了连接到节点所使用的基础代码如下：

```
if (typeof web3 !== 'undefined') {
  web3 = new Web3(new
Web3.providers.HttpProvider("http://localhost:8545"));
}
```

首先，通过检查 web3 是否是 undefined，来确定代码是否在 Mist 中运行。如果 web3 被定义了，则使用已经可用的实例；否则，通过连接至自定义节点创建一个实例。如果无论 App 是否在 Mist 中运行都连接到自定义节点，则从程序代码中删除 if。这里假设自定义节点在 8545 端口本地运行。

Web3.providers 对象使用多种协议显示构造函数（在此称为 providers），以建立连接和传输信息。Web3.providers.HttpProvider 允许建立 HTTP 连接，Web3.providers.IpcProvider 允许建立 IPC 连接。

web3.currentProvider 属性被自动分配给当前的 provider 实例。在创建 web3 实例之后，可使用 web3.setProvider() 方法改变 provider。它有一个实参，即新 provider

的实例。

记住：geth 默认禁用 HTTP-RPC。所以在运行 geth 时通过 --rpc 选项以使用 HTTP-RPC。HTTP-RPC 默认在 8545 端口运行。

web3 显示 isConnected() 方法，可用于查询是否已经与节点连接。根据连接状态的不同，返回 true 或者 false。

4.1.3　API 结构

web3 包含一个 eth 对象（web3.eth），专门用于以太坊区块链交互；还包含一个 shh 对象（web3.shh），用于 whisper 交互。web3.js 的大部分 API 都在这两个对象中。

所有 API 都是默认同步的。如果想发出异步请求，可以把一个可选回调函数作为最后的参数传送给大多数函数。所有回调函数都采用错误优先（error-first）回调方式。

一些 API 对于异步请求采用别名。例如 web3.eth.coinbase() 是同步的，web3.eth.getCoinbase() 是异步的。示例如下：

```
//sync request
try
{
  console.log(web3.eth.getBlock(48));
}
catch(e)
{
  console.log(e);
}

//async request
web3.eth.getBlock(48, function(error, result){
    if(!error)
        console.log(result)
    else
        console.error(error);
})
```

getBlock 使用区块序号或者哈希值获取区块信息。或者，它可以使用一个字符串，例如 "earliest"（创世区块）、"latest"（区块链最上面的区块）或者 "pending"（正在挖的区块）。如果不传送实参，则默认是 web3.eth.defaultBlock，默认分配 " latest"。

所有需要区块身份证明作为输入的 API 可以用序号、哈希值或者一个可读字符串作为输入。如果值未通过，则这些 API 默认使用 web3.eth.defaultBlock。

4.1.4 BigNumber.js

JavaScript 本质上对于正确处理大数字不在行。因此，需要处理大数字和进行完美计算的应用会使用 BigNumber.js 库。

web3.js 还依赖于 BigNumber.js，且自动进行加载。web3.js 总是对序号值返回 BigNumber 对象。它可以用 JavaScript 数字、数字字符串和 BigNumber 实例作为输入，示例如下：

```
web3.eth.getBalance("0x27E829fB34d14f3384646F938165dfcD30cFfB7c").toString(
);
```

这里使用 web3.eth.getBalance() 方法获取地址余额，该方法返回一个 BigNumber 对象。需要在 BigNumber 对象上调用 toString()，把它转换成数字字符串。

BigNumber.js 不能正确处理有超过 20 个浮点数位的大数字，因此推荐以 wei 为单位存储余额，在显示时再转换成其他单位。web3.js 自身总是以 wei 为单位返回和调取余额。例如，getBalance() 方法以 wei 为单位返回该地址的余额。

4.1.5 单位转换

web3.js 提供了把 wei 余额转换成任何其他单位和把任何其他单位余额转换成 wei 的 API。

web3.fromWei() 方法用于将 wei 转换成其他单位，而 web3.toWei() 方法用于将以其他单位表示的数字转化成以 wei 为单位的数字。示例如下：

```
web3.fromWei("1000000000000000000", "ether");
web3.toWei("0.000000000000000001", "ether");
```

第一行代码将 wei 转换为 ether；第二行代码将 ether 转换为 wei。方法中的第二个实参可以是以下字符串之一：

- kwei/ada
- mwei/babbage
- gwei/shannon
- szabo
- finney
- ether
- kether/grand/einstein

- ❑ mether
- ❑ gether
- ❑ tether

4.1.6　检索 gas 价格、余额和交易细节

让我们看看 API 如何检索 gas 价格、地址余额和交易信息：

```
//It's sync. For async use getGasPrice
console.log(web3.eth.gasPrice.toString());

console.log(web3.eth.getBalance("0x407d73d8a49eeb85d32cf465507dd71d507100c1
", 45).toString());

console.log(web3.eth.getTransactionReceipt("0x9fc76417374aa880d4449a1f7f31e
c597f00b1f6f3dd2d66f4c9c6c445836d8b"));
```

输出如下：

```
20000000000
30000000000
{
  "transactionHash":
"0x9fc76417374aa880d4449a1f7f31ec597f00b1f6f3dd2d66f4c9c6c445836d8b ",
  "transactionIndex": 0,
  "blockHash":
"0xef95f2f1ed3ca60b048b4bf67cde2195961e0bba6f70bcbea9a2c4e133e34b46",
  "blockNumber": 3,
  "contractAddress": "0xa94f5374fce5edbc8e2a8697c15331677e6ebf0b",
  "cumulativeGasUsed": 314159,
  "gasUsed": 30234
}
```

上述方法的执行过程如下：

- ❑ web3.eth.gasPrice()。由 *x* 个最新区块的 gas 价格中位数决定 gas 价格。
- ❑ web3.ethgetBalance()。返回任何给定地址的余额。所有 web3.js API 哈希地址应当是十六进制的字符串，而不是十六进制的文字。solidity 地址类型的输入也应当是十六进制的字符串。
- ❑ web3.eth.getTransactionReceipt()。用于获取交易使用其哈希的细节。如果在区块链中发现交易，则返回交易收据对象；否则，返回 null。交易收据对象包含下列属性：
  - ❍ blockHash。该交易所在区块的哈希地址。
  - ❍ blockNumber。该交易所在区块的序号。

- transactionHash。交易哈希。
- transactionIndex。区块中交易索引位置的整数部分。
- from。发起人地址。
- to。接收者地址；如果是合约创建交易，则为 null。
- cumulativeGasUsed。在区块中执行该交易时使用的 gas 总量。
- gasUsed。这个特定交易独自使用的 gas 量。
- contractAddress。如果交易是合约创建，表示被创建的合约地址；否则，为 null。
- logs。该交易生成的日志对象数组。

4.1.7 发送以太币

让我们看看如何向任意地址发送以太币。为了发送以太币，需要使用 web3.eth.sendTransaction() 方法。该方法可用于发送任意种类的交易，但主要用于发送以太币，原因是使用这种方法部署合约或者调用合约方法比较麻烦——它要求生成交易数据而不是自动生成交易数据。该方法的交易对象包含下列属性：

- from。发送账户的地址。如未标明，使用 web3.eth.defaultAccount 属性。
- to。可选项。信息目的地的地址，对于合约创建交易，该项未定义。
- value。可选项。通常在转账中单位为 wei（在合约创建交易情况下，作为合约的资金注入，单位也是 wei）。
- gas。可选项。交易使用的 gas 量（未使用的 gas 被退回）。如果不提供，则自动决定该项。
- gasPrice。可选项。交易中以 wei 为单位的 gas 价格，默认为网络平均 gas 价格。
- data。可选项。它或者是包含信息相关数据的字节字符串，或者是初始代码（在合约创建交易情况下）。
- nonce。可选项。它是个整数。每一个交易都有一个相关计数 nonce。该数字表示交易发起人发送的交易数量。如果未提供 nonce，则自动确定。它的作用是防止重播攻击。nonce 不是与挖区块相关的那个随机数。如果使用的 nonce 大于交易应当有的 nonce，则交易被放入一个队列直到其他交易数量到达。例如，如果下一个交易的 nonce 应该是 4，而 nonce 被设为 10，则 geth

在广播这个交易之前将等待之间的 6 个交易。nonce 为 10 的交易称为排队交易，而不是待定交易。

向一个地址发送以太币的示例如下：

```
var txnHash = web3.eth.sendTransaction({
  from: web3.eth.accounts[0],
  to: web3.eth.accounts[1],
  value: web3.toWei("1", "ether")
});
```

这里从账户 0 向账户 1 发送一个以太币。在运行 geth 时，确保使用 unlock 选项解锁两个账户。在 geth 交互接口上，提示输入密码，但是如果账户被锁定，交互接口以外的 web3.js API 将返回 error。这个方法返回交易哈希。然后可以使用 getTransactionReceipt() 方法检查是否挖出了交易。

还可以用 web3.personal.listAccounts()、web3.personal.unlockAccount（addr, pwd）和 web3.personal.newAccount（pwd）实时管理账户。

4.1.8　处理合约

让我们学习如何部署一个新合约、如何使用一个已部署合约的地址获取其引用、如何向合约发送以太币、如何发送交易以调用合约的函数（方法），以及如何估算一个函数调用的 gas。

若要部署一个新合约或者获取一个已部署合约的引用，首先需要使用 web3.eth.contract() 方法创建一个合约对象。该方法以合约 ABI 作为一个实参，并返回合约对象。

创建合约对象的代码如下：

```
var proofContract =
web3.eth.contract([{"constant":false,"inputs":[{"name":"fileHash","type":"s
tring"}],"name":"get","outputs":[{"name":"timestamp","type":"uint256"},{"na
me":"owner","type":"string"}],"payable":false,"type":"function"},{"constant
":false,"inputs":[{"name":"owner","type":"string"},{"name":"fileHash","type
":"string"}],"name":"set","outputs":[],"payable":false,"type":"function"},{
"anonymous":false,"inputs":[{"indexed":false,"name":"status","type":"bool"}
,{"indexed":false,"name":"timestamp","type":"uint256"},{"indexed":false,"na
me":"owner","type":"string"},{"indexed":false,"name":"fileHash","type":"str
ing"}],"name":"logFileAddedStatus","type":"event"}]);
```

有了合约之后，可以使用合约对象的新方法部署它，或者使用 at 方法获取与 ABI 匹配的、一个已部署合约的引用。

部署合约的示例如下：

```
var proof = proofContract.new({
     from: web3.eth.accounts[0],
     data: "0x606060405261068...",
     gas: "4700000"
    },
    function (e, contract){
    if(e)
    {
    console.log("Error " + e);
}
else if(contract.address != undefined)
  {
    console.log("Contract Address: " + contract.address);
   }
else
  {
    console.log("Txn Hash: " + contract.transactionHash)
  }
})
```

其中，new 方法的调用是异步的，所以如果成功创建和广播交易，回调函数将被调用两次。第一次，广播交易之后调用它；第二次，挖出交易之后调用它。如果不提供回调函数，则 proof 变量的 address 属性被设成 undefined。挖出交易之后，address 属性将被设置。

在 proof 合约中，没有构造函数，但是如果有构造函数，则构造函数实参应当放在 new 方法的开头。传送的对象包含 from 地址、合约字节码和使用的 gas 上限。这三个属性必须存在，否则无法创建交易。该对象可以有被传送给 sendTransaction 方法的对象所展示的属性，但是这里，data 是合约字节码，且 to 属性被忽略。

可以用 at 方法引用一个已经部署的合约。相关代码如下：

```
var proof = proofContract.at("0xd45e541ca2622386cd820d1d3be74a86531c14a1");
```

现在让我们看看如何发送交易以调用合约方法。相关代码如下：

```
proof.set.sendTransaction("Owner Name",
"e3b0c44298fc1c149afbf4c8996fb92427ae41e4649b934ca495991b7852b855", {

from: web3.eth.accounts[0],
}, function(error, transactionHash){

if (!err)

console.log(transactionHash);
})
```

这里调用方法同名对象的 sendTransaction 方法。被传送给这个 sendTransaction 方法的对象属性与 web3.eth.sendTransaction() 相同，只是 data 和 to 属性被忽略了。

如果想调用节点本地的方法，而非创建交易并广播，则可使用 call 而非 sendTransaction。示例如下：

```
var returnValue =
proof.get.call("e3b0c44298fc1c149afbf4c8996fb92427ae41e4649b934ca495991b785
2b855");
```

有时必须发现找到调用方法所需的 gas，这样可以决定是否调用。web3.eth.estimateGas 可用于此目的。然而，直接使用 web3.eth.estimateGas() 要求生成交易，因此可以使用方法同名对象的 estimateGas() 方法。示例如下：

```
var estimatedGas =
proof.get.estimateGas("e3b0c44298fc1c149afbf4c8996fb92427ae41e4649b934ca495
991b7852b855");
```

如果只想发送一些以太币到合约，而不调用任何方法，则可以使用 web3.eth.sendTransaction 方法。

4.1.9 检索和监听合约事件

现在让我们看看如何监听一个合约事件。监听事件很重要，因为通过交易调用方法的结果通常是以触发事件的形式返回的。

在了解如何检索和监听事件之前，我们需要学习事件的索引参数。一个事件最多有三个参数可以有被索引（indexed）属性。该属性用于提示节点对它进行索引，这样应用客户端可以用匹配返回值来检索事件。如果不使用 indexed 属性，则必须检索所有事件，并筛选出需要的那些事件。例如，可以这样编写 logFileAddedStatus 事件：

```
event logFileAddedStatus(bool indexed status, uint indexed timestamp,
string owner, string indexed fileHash);
```

下面是给出了监听合约事件的一个示例：

```
var event = proof.logFileAddedStatus(null, {
fromBlock: 0,
toBlock: "latest"
});
event.get(function(error, result){
```

```
if(!error)
{
  console.log(result);
}
else
{
  console.log(error);
}
})
event.watch(function(error, result){
if(!error)
{
  console.log(result.args.status);
}
else
{
  console.log(error);
}
})
setTimeout(function(){
event.stopWatching();
}, 60000)
 var events = proof.allEvents({
fromBlock: 0,
 toBlock: "latest"
});
events.get(function(error, result){
if(!error)
{
  console.log(result);
}
else
{
  console.log(error);
}
})
events.watch(function(error, result){
if(!error)
{
  console.log(result.args.status);
}
else
{
  console.log(error);
}
})
setTimeout(function(){
events.stopWatching();
}, 60000)
```

上述代码的执行过程如下：

1）调用一个合约实例的事件同名的方法获取事件对象。该方法用两个对象作为实参，用于筛选事件：

- 第一个对象用索引返回数值筛选事件。例如，{'valueA' : 1, 'valueB' : [myFirstAddress,mySecondAddress]}。所有筛选数值都默认设置为 null。这意味着它们将匹配该合约发出的任意类型事件。
- 第二个对象可以包含三个属性，即 fromBlock（搜索起始区块，默认为 "latest"）、toBlock（搜索截至区块，默认为 "latest"）和 address（仅获取日志的地址列表；默认为合约地址）。

2）事件对象显示三种方法：get、watch 和 stopWatching。get 用于获取区块范围内的所有事件。watch 与 get 类似，但是它在获取事件后还监听变化。stopWatching 可以用于停止监听变化。

3）合约实例的 allEvents 方法用于检索合约的所有事件。

4）每一个事件由一个包含下列属性的对象代表。

- args。一个带有来自事件的实参的对象。
- event。用一个字符串表示事件名。
- logIndex。用一个整数表示区块中的日志索引位置。
- transactionIndex。用一个整数表示日志最初的交易索引位置。
- transactionHash。用一个字符串表示日志最初的交易哈希。
- address。用一个字符串表示日志最初的地址。
- blockHash。用一个字符串表示日志所在区块的哈希。如待定，则为 null。
- blockNumber。日志所在区块的序号。如待定，则为 null。

> web3.js 提供 web3.eth.filter API 以检索和监听事件。用户可以使用这个 API，但是处理事件的 Event 方法更简便。要想学习更多内容，请访问 https://github.com/ethereum/wiki/wiki/JavaScript-API#web3ethfilter。

4.2　为所有权合约创建客户端

在前一章中，我们为所有权合约编写了 Solidity 代码；在前一章和本章中，我们学习了 web3.js 的有关知识和使用 web3.js 调用合约的方法。现在是时候为智能合约创建客户端了，这样方便用户使用。

创建一个客户端，用户从中选择一个文件，输入所有者细节，然后按下 Submit 按钮广播交易，用文件哈希和所有者的细节调用合约的 set 方法。一旦交易被成功广播，将显示交易哈希。用户还能够选择一个文件，并从智能合约中得到所有者的细节。客户端还将实时显示最新挖出的 set 交易。

我们将在前端使用 sha1.js 获取文件哈希，使用 jQuery 进行 DOM 操纵，并使用 Bootstrap 4 创建一个反应层（responsive layout）。在后端使用 express.js 和 web3.js。我们将使用 socket.io，这样不需要前端间隔相等的时间请求数据，后端就把最近挖出的交易推到前端。

web3.js 可以在前端使用，但对于应用是个安全漏洞。也就是说，我们在使用存储在 geth 中的账户，并把 geth 节点 URL 显示给前端，这将使存储在那些账户中的以太币面临风险。

4.2.1 项目结构

在本章的练习文件中，将发现两个目录：Final 和 Initial。Final 包含项目的最终源代码，而 Initial 包含可以用于迅速创建应用的空的源代码文件和库。

为了测试 Final 目录，需要在其中运行 npm install，并把 app.js 中硬编码的合约地址替换为在部署合约之后得到的合约地址。然后，使用 Final 目录中的 node app.js 命令运行该应用。

在 Initial 目录中，将发现一个 public 目录和两个文件（app.js 和 package.json）。package.json 包含应用的后端相关内容，app.js 包含应用的后端源代码。

public 目录包含与前端相关的文件。在 public/css 中会发现 bootstrap.min.css，它是 Bootstrap 库；在 public/html 中会发现 index.html，所应用的 HTML 代码放在这里；在 public/js 目录中将发现 jQuery、sha1 和 socket.io 的 JS 文件。在 public/js 中还会发现一个 main.js 文件，应用的前端 JS 代码放在这里。

4.2.2 创建后端

先创建 App 后端。首先，在 initial 目录中运行 npm install，为后端安装所需相关内容。其次，在进行后端编码之前，确保 geth 运行时启用 rpc。如果是在私有网络上运行 geth，要确保启用 mining。最后，确保账户 0 存在并被解锁。可以在私有网络上运行 geth，这时需要启用 rpc 和 mining，并解锁账户 0：

```
geth --dev --mine --rpc --unlock=0
```

编码开始前最后需要做的一件事是，使用在前一章中见到的代码部署所有权合约，并复制合约地址。

现在创建一个单独的服务端，它将为浏览器提供 HTML，并接收 socket.io 连接：

```
var express = require("express");
var app = express();
var server = require("http").createServer(app);
var io = require("socket.io")(server);
server.listen(8080);
```

这里把运行在端口 8080 上的两个服务端 express 和 socket.io 合并成一个服务端。

现在创建路径以用于静态文件和 App 主页。相关代码如下：

```
app.use(express.static("public"));
app.get("/", function(req, res){
  res.sendFile(__dirname + "/public/html/index.html");
})
```

这里使用了 express.static 中间件，用于在公共目录中发现静态文件。

现在连接到 geth 节点，并获取已部署合约的引用，这样可以发送交易并监听事件。相关代码如下：

```
var Web3 = require("web3");

web3 = new Web3(new Web3.providers.HttpProvider("http://localhost:8545"));

var proofContract =
web3.eth.contract([{"constant":false,"inputs":[{"name":"fileHash","type":"s
tring"}],"name":"get","outputs":[{"name":"timestamp","type":"uint256"},{"na
me":"owner","type":"string"}],"payable":false,"type":"function"},{"constant
":false,"inputs":[{"name":"owner","type":"string"},{"name":"fileHash","type
":"string"}],"name":"set","outputs":[],"payable":false,"type":"function"},{
"anonymous":false,"inputs":[{"indexed":false,"name":"status","type":"bool"}
,{"indexed":false,"name":"timestamp","type":"uint256"},{"indexed":false,"na
me":"owner","type":"string"},{"indexed":false,"name":"fileHash","type":"str
ing"}],"name":"logFileAddedStatus","type":"event"}]);

var proof = proofContract.at("0xf7f02f65d5cd874d180c3575cb8813a9e7736066");
```

上述代码就是用得到的合约地址替换原有的合约地址。

现在创建广播交易和获取文件信息的路径。相关代码如下：

```
app.get("/submit", function(req, res){
var fileHash = req.query.hash;
var owner = req.query.owner;
proof.set.sendTransaction(owner, fileHash, {
from: web3.eth.accounts[0],
}, function(error, transactionHash){
if (!error)
{
  res.send(transactionHash);
}
else
{
  res.send("Error");
}
})
})
app.get("/getInfo", function(req, res){
var fileHash = req.query.hash;
var details = proof.get.call(fileHash);
res.send(details);
})
```

其中，“ /submit”路径用于创建和广播交易。获取交易哈希之后，把它发送给客户端。然后等待挖出交易。“ /getInfo”路径用于调用节点自身的合约 get 方法，而非创建交易。它仅仅发送回所得到的回应。

现在监听来自于合约的事件，并向所有客户端广播。相关代码如下：

```
proof.logFileAddedStatus().watch(function(error, result){
if(!error)
{
  if(result.args.status == true)
  {
    io.send(result);
  }
}
})
```

这里需要检查一下状态是否为 true，如果为 true，才能向所有连接的 socket.io 客户端广播事件。

4.2.3 创建前端

让我们从应用的 HTML 开始创建前端。把下面的代码放入 index.html 文件：

```
<!DOCTYPE html>
<html lang="en">
    <head>
        <meta name="viewport" content="width=device-width, initial-scale=1,
shrink-to-fit=no">
```

```
        <link rel="stylesheet" href="/css/bootstrap.min.css">
    </head>
    <body>
        <div class="container">
            <div class="row">
                <div class="col-md-6 offset-md-3 text-xs-center">
                    <br>
                    <h3>Upload any file</h3>
                    <br>
                    <div>
                        <div class="form-group">
                            <label class="custom-file text-xs-left">
                                <input type="file" id="file" class="custom-
file-input">
                                <span class="custom-file-control"></span>
                            </label>
                        </div>
                        <div class="form-group">
                            <label for="owner">Enter owner name</label>
                            <input type="text" class="form-control"
id="owner">
                        </div>
                        <button onclick="submit()" class="btn btn-
primary">Submit</button>
                        <button onclick="getInfo()" class="btn btn-
primary">Get Info</button>
                        <br><br>
                        <div class="alert alert-info" role="alert"
id="message">
                            You can either submit file's details or get
information about it.
                        </div>
                    </div>
                </div>
            </div>
            <div class="row">
                <div class="col-md-6 offset-md-3 text-xs-center">
                    <br>
                    <h3>Live Transactions Mined</h3>
                    <br>
                    <ol id="events_list">No Transaction Found</ol>
                </div>
            </div>
        </div>
        <script type="text/javascript" src="/js/sha1.min.js"></script>
        <script type="text/javascript" src="/js/jquery.min.js"></script>
        <script type="text/javascript" src="/js/socket.io.min.js"></script>
        <script type="text/javascript" src="/js/main.js"></script>
    </body>
</html>
```

上述代码的执行过程如下：

1）显示 Bootstrap 的文件输入框，这样用户可以选择一个文件。

2）显示一个文本框，用户可以输入所有者的细节。

3）得到两个按钮。一个用于存储文件哈希和合约中的所有者细节，另一个用于从合约中获取文件信息。单击 Submit 按钮触发 submit() 方法，单击 Get Info 按钮触发 getInfo() 方法。

4）得到一个显示信息的报警框。

5）显示一个有序列表，以显示用户在该页面上时被挖出的合约交易。

接下来为 getInfo() 和 submit() 方法编写实现，与服务端建立 socket.io 连接，并从服务端监听 socket.io 信息。

相关代码如下。把该代码放入 main.js 文件：

```
  function submit()
  {
    var file = document.getElementById("file").files[0];
    if(file)
  {
   var owner = document.getElementById("owner").value;
   if(owner == "")
  {
   alert("Please enter owner name");
  }
 else
 {
  var reader = new FileReader();
  reader.onload = function (event) {
  var hash = sha1(event.target.result);
  $.get("/submit?hash=" + hash + "&owner=" + owner, function(data){
  if(data == "Error")
  {
    $("#message").text("An error occured.");
  }
  else
  {
    $("#message").html("Transaction hash: " + data);
  }
  });
  };
  reader.readAsArrayBuffer(file);
   }
}
  else
  {
    alert("Please select a file");
  }
}
function getInfo()
```

```
{
  var file = document.getElementById("file").files[0];
  if(file)
  {
    var reader = new FileReader();
    reader.onload = function (event) {
    var hash = sha1(event.target.result);
    $.get("/getInfo?hash=" + hash, function(data){
    if(data[0] == 0 && data[1] == "")
    {
      $("#message").html("File not found");
    }
    else
    {
      $("#message").html("Timestamp: " + data[0] + " Owner: " + data[1]);
    }
  });
};
reader.readAsArrayBuffer(file);
}
else
  {
    alert("Please select a file");
  }
}
var socket = io("http://localhost:8080");
socket.on("connect", function () {
socket.on("message", function (msg) {
if($("#events_list").text() == "No Transaction Found")
{
    $("#events_list").html("<li>Txn Hash: " + msg.transactionHash +
"nOwner: " + msg.args.owner + "nFile Hash: " + msg.args.fileHash +
"</li>");
}
else
{
  $("#events_list").prepend("<li>Txn Hash: " + msg.transactionHash +
"nOwner: " + msg.args.owner + "nFile Hash: " + msg.args.fileHash +
"</li>");
}
  });
});
```

上述代码的执行过程如下：

1）定义 submit() 方法。在 submit 方法中，确保选择一个文件，且文本框不为空，然后读取文件内容作为数组缓存，并传送数组缓存给 sha1.js 显示的 sha1() 方法，以获取数组缓存中的内容哈希。得到哈希之后，使用 jQuery 发出一个 AJAX 请求给“/submit”路径，然后在报警框中显示交易哈希。

2）定义 getInfo() 方法。该方法首先确定选中一个文件，然后就像之前一样生成哈希，并发出请求到“/getInfo”端点，以得到关于那个文件的信息。

3）使用 socket.io 库显示的 io() 方法建立 socket.io 连接，然后等待事件连接到触发器——这表示连接已经建立。在连接建立之后，监听来自服务端的信息，并向用户显示交易细节。

之所以不在以太坊区块链中存储文件，是因为存储文件很昂贵——它需要大量 gas。对于本节的示例子，其实不需要存储文件，因为网络中的节点将可以看见文件。因此，如果用户希望文件内容是秘密的，其实是做不到的。这里的应用是想证明一个文件的所有权，而不是像云服务那样存储和服务文件。

4.2.4 测试客户端

运行 app.js 节点，以运行应用服务端。打开浏览器，访问 http://localhost:8080/，可以看到图 4-1 所示的界面。

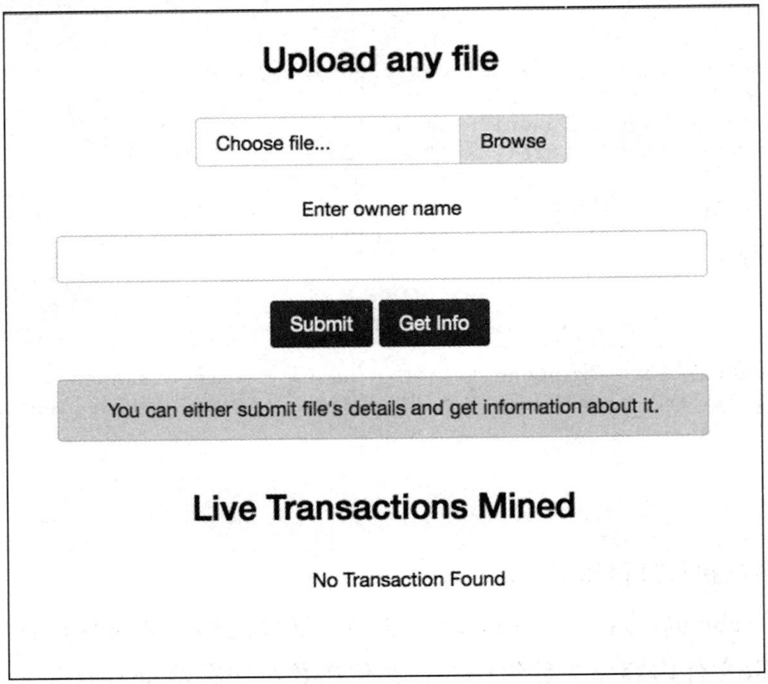

Upload any file

Choose file... Browse

Enter owner name

Submit Get Info

You can either submit file's details and get information about it.

Live Transactions Mined

No Transaction Found

图 4-1

现在选择一个文件，输入所有者姓名，单击 Submit 按钮，界面将变为图 4-2 所示的样子。

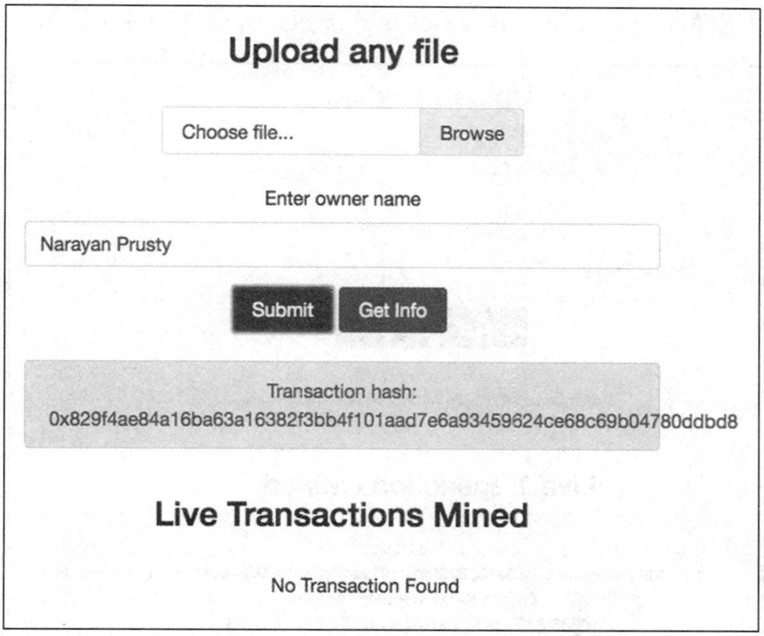

Upload any file

Choose file... Browse

Enter owner name

Narayan Prusty

Submit Get Info

Transaction hash:
0x829f4ae84a16ba63a16382f3bb4f101aad7e6a93459624ce68c69b04780ddbd8

Live Transactions Mined

No Transaction Found

图 4-2

在这里可以看到显示交易哈希。现在等待，直到交易被挖出。一旦挖出，就可以在当前交易列表中看到交易，如图 4-3 所示。

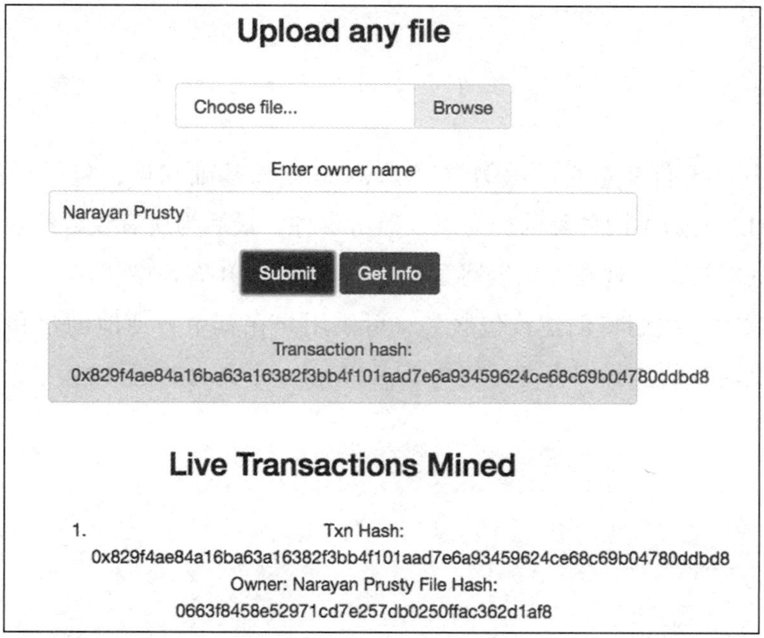

Upload any file

Choose file... Browse

Enter owner name

Narayan Prusty

Submit Get Info

Transaction hash:
0x829f4ae84a16ba63a16382f3bb4f101aad7e6a93459624ce68c69b04780ddbd8

Live Transactions Mined

1. Txn Hash:
0x829f4ae84a16ba63a16382f3bb4f101aad7e6a93459624ce68c69b04780ddbd8
Owner: Narayan Prusty File Hash:
0663f8458e52971cd7e257db0250ffac362d1af8

图 4-3

现在再次选择同一个文件，单击 Get Info 按钮，界面如图 4-4 所示。

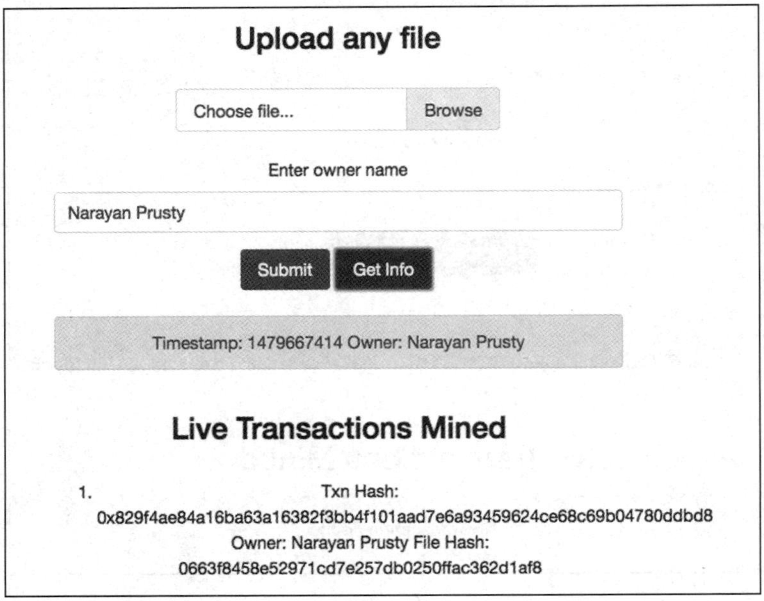

Upload any file

Choose file... Browse

Enter owner name

Narayan Prusty

Submit Get Info

Timestamp: 1479667414 Owner: Narayan Prusty

Live Transactions Mined

1. Txn Hash: 0x829f4ae84a16ba63a16382f3bb4f101aad7e6a93459624ce68c69b04780ddbd8 Owner: Narayan Prusty File Hash: 0663f8458e52971cd7e257db0250ffac362d1af8

图 4-4

在这里可以看到时间戳和所有者的细节。至此，为第一个 DApp 创建客户端的工作就完成了。

4.3 总结

在本章中，我们首先通过示例学习了 web3.js 的基础知识，包括如何连接至节点、基础 API、发送不同种类的交易以及监听事件，最后为所有权合约建立了一个适合生产用途的客户端。现在可以编写智能合约和创建 UI 客户端了。

在下一章中，我们将创建钱包服务，可供用户在其中方便地创建和管理以太坊钱包，这也是离线的。我们将专门使用 LightWallet 库实现上述目的。

第 5 章 Chapter 5

创建钱包服务

钱包服务用于发送和接收钱款。创建钱包服务面临的主要挑战是安全和信任。用户必须觉得他的钱是安全的，并相信钱包服务管理员不会偷他的钱。本章所涉及的钱包服务将处理这些问题。

本章将讲解以下内容：

- ❑ 在线钱包和离线钱包的区别。
- ❑ 用 Hooked-Web3-Provider 和 EthereumJS-tx 库使创建和签署那些没有被以太坊节点管理的账户交易变得容易。
- ❑ 理解 HD 钱包的概念及其使用方法。
- ❑ 使用 LightWallet.js 创建 HD 钱包和交易签名者。
- ❑ 创建钱包服务。

5.1 在线钱包和离线钱包的区别

钱包是多个账户的集合，账户是一个地址及其相关私钥的集合。

如果一个钱包与互联网相联，则称其为在线钱包。例如，在 geth 中存储的钱包、任何网站 / 数据库等都称为在线钱包。在线钱包也称为热钱包、Web 钱包、托管钱包等。不推荐使用在线钱包，至少在存储大量以太币或者长期存储以太币时不推荐使用，因为有风险。而且根据钱包存储位置的不同，它还可能要求信任第三方。

例如，最热门的钱包服务本身存储钱包私钥，并允许用户通过 e-mail 和密码访问钱包，所以用户基本上不会实质性地访问钱包，如果有人想偷，就能偷钱包里的钱。

如果一个钱包不与互联网相联，则称其为离线钱包。例如，存储在闪存盘、纸张、文本文件等中的钱包。离线钱包也称为冷钱包。离线钱包比在线钱包更安全，因为要偷钱的人必须能够访问物理内存。离线存储的问题是，用户需要找到一个不会意外删除或者忘记的位置，或者让其他任何人都不能访问的位置。如果想长期安全地保管钱款，许多人会在纸上存储钱包，然后把纸放入保险箱。如果想从账户频繁地发送钱款，则可以存在带有密码保护的闪存盘和保险箱里。用数字设备存储钱包有点危险，因为数字设备可能随时坏掉，那样就无法访问钱包了。这就是为什么既要存在闪存盘中，还应当存在保险箱里。根据需求的不同，用户还可以找到更好的解决方法，但是必须确保方法安全，且不会意外地丢失对钱包的访问路径。

5.2 Hooked-Web3-Provider 和 EthereumJS-tx 库

到目前为止，Web3.js 库的 sendTransaction() 方法的所有例子都使用以太坊节点出现的 from 地址，因此以太坊节点能够在广播之前签署交易。但是如果用户把钱包的私钥存储在其他地方，geth 就发现不了它。因此在这种情况下，需要使用 web3.eth.sendRawTransaction() 方法广播交易。

web3.eth.sendRawTransaction() 用于广播原始交易，也就是说，用户不得不编写代码来创建和签署原始交易。以太坊节点将直接广播，而不对交易做任何其他操作。但是使用 web3.eth.sendRawTransaction() 编写代码以广播交易并非易事，因为它要求生成数据部分、创建原始交易并签署交易。

Hooked-Web3-Provider 库提供自定义程序提供方（custom provider），它使用 HTTP 与 geth 通信。这个提供方的独特之处在于，它允许使用密钥签署合约实例的 sendTransaction() 调用，因此不再需要创建交易的数据部分了。自定义程序提供方事实上重写了 web3.eth.sendTransaction() 方法的实现，所以基本上它允许签署合约实例的 sendTransaction() 调用以及 web3.eth.sendTransaction() 调用。合约实例的 sendTransaction() 方法在内部生成交易数据，并调用 web3.eth.sendTransaction() 广播交易。

EthereumJS 是一系列与以太坊相关的库。EthereumJS-tx 是其中之一，它提供了多种与交易相关的 API，例如，允许创建原始交易、签署原始交易、检查交易是否正确使用密钥进行了签名，等等。

这两个库对 node.js 和客户端 JavaScript 可用。访问 https://www.npmjs.com/package/hooked-web3-provider 可下载 Hooked-Web3-Provider，访问 https://www.npmjs.com/package/ethereumjs-tx 可下载 EthereumJS-tx。

在写本书时，Hooked-Web3-Provider 的最新版本是 1.0.0，EthereumJS-tx 的最新版本是 1.1.4。

下面来看如何使用这些库从一个不由 geth 管理的账户发送交易。

```
var provider = new HookedWeb3Provider({
 host: "http://localhost:8545",
 transaction_signer: {
  hasAddress: function(address, callback){
   callback(null, true);
  },
  signTransaction: function(tx_params, callback){
   var rawTx = {
          gasPrice: web3.toHex(tx_params.gasPrice),
          gasLimit: web3.toHex(tx_params.gas),
          value: web3.toHex(tx_params.value)
          from: tx_params.from,
          to: tx_params.to,
          nonce: web3.toHex(tx_params.nonce)
      };

   var privateKey =
EthJS.Util.toBuffer('0x1a56e47492bf3df9c9563fa7f66e4e032c661de9d68c3f36f358
e6bc9a9f69f2', 'hex');
   var tx = new EthJS.Tx(rawTx);
   tx.sign(privateKey);

   callback(null, tx.serialize().toString('hex'));
  }
 }
});

var web3 = new Web3(provider);

web3.eth.sendTransaction({
 from: "0xba6406ddf8817620393ab1310ab4d0c2deda714d",
 to: "0x2bdbec0ccd70307a00c66de02789e394c2c7d549",
 value: web3.toWei("0.1", "ether"),
 gasPrice: "20000000000",
 gas: "21000"
}, function(error, result){
 console.log(error, result)
})
```

上述代码的执行过程如下：

1）创建一个 HookedWeb3Provider 实例（由 Hooked-Web3-Provider 库提供）。该构造函数有一个对象，这个对象有两个必须提供的属性 host 和 transaction_signer。host 是节点的 HTTP URL，transaction_signer 是自定义服务提供方用于签署交易的通信对象。

2）transaction_signer 对象有两个属性 hasAddress 和 signTransaction。调用 hasAddress 检查交易是否可以签署，即检查交易签署者是否有 from 地址账户的私钥。该方法接收地址和一个回调函数。如果找不到地址私钥，回调函数的第一个实参应当是错误信息，第二个实参应当是 false；如果找到地址私钥，第一个实参应当是 null，第二个实参应当是 true。

3）如果发现地址私钥，则自定义程序提供方调用 signTransaction 方法得到交易签名。该方法有两个参数，即交易参数和回调函数。在这个方法中，首先将交易参数转换为原始交易参数，也就是说，将原始交易参数数值编译为十六进制的字符串。然后创建一个缓存存储私钥。缓存使用 EthJS.Util.toBuffer() 方法创建，该方法是 EthereumJS-util 库的一部分。EthereumJS-util 库由 EthereumJS-tx 库导入。接下来创建一个原始交易并签名，之后编序号，并转换成十六进制字符串。最后需要用回调函数为自定义服务提供方提供签名原始交易的十六进制字符串。该方法发生错误时，回调函数的第一个实参应当是一个错误信息。

4）自定义服务提供方进行原始交易，并用 web3.eth.sendRawTransaction() 进行广播。

5）调用 web3.eth. sendTransaction 函数向另一个账户发送若干以太币。这里需要提供 nonce 以外的所有交易参数，因为自定义服务提供方可以计算 nonce。此前，许多参数都是可选项，因为把它们留给了以太坊节点进行计算，但是由于这里要自己签署，就需要提供所有交易参数。如果交易没有任何相关数据，则 gas 总是 21 000。

公钥的情况呢？

在上述代码中，并未提及签署地址的公钥。如果矿工没有公钥，该如何验证交易的真实性？矿工使用了 ECDSA 算法的一个独特属性，该属性允许矿工通过信息和签名计算公钥。在交易中，信息表示交易意向，签名用于发现签署信息时是否使用了正确的私钥。这是 ECDSA 算法的独特之处。EthereumJS-tx 提供一个 API 用于验证交易。

5.3 分层确定性钱包

分层确定性钱包（Hierarchical Deterministic wallet，HD钱包）是由一个单独的起点（称为seed，即种子）衍生的地址和密钥的集成系统。确定性表明对于相同的seed生成相同的地址和密钥，分层表明地址和密钥以相同顺序生成。它使备份和存储多个账户变得容易，因为用户只需要存储seed，而不用存储单个密钥和地址。

为什么用户需要多个账户？

为什么用户需要多个账户？因为要隐藏财产。账户余额在区块链中公开可用，所以，如果用户A与用户B分享地址以接收一些以太币，则用户B可以查看该地址中有多少以太币。因此，用户通常在多个账户中存有财产。

HD钱包有多种类型，它们的种子格式以及生成地址和密钥的算法不同，例如BIP32、Armory、Coinkite、Coinb.in等。

什么是BIP32、BIP44和BIP39？

比特币改进提议（Bitcoin Improvement Proposal，BIP）是一个为比特币社区提供信息的设计文档，它描述比特币的一个新功能或者其过程或者环境。BIP应当为该功能提供一份简明技术规范和功能基本原理。在写本书时，有152个BIP。BIP32和BIP39分别提供关于实现HD钱包和助记种子规范（mnemonic seed specification）的算法信息。

如要学习更多BIP的相关知识，请访问https://github.com/bitcoin/bips。

5.4 密钥衍生函数

不对称的加密算法定义密钥的性质以及生成密钥的方法，因为密钥需要相互关联。例如，RSA密钥生成算法是确定性的。

对称的加密算法只定义密钥长度。密钥由用户来生成。有多种算法生成密钥，其中一种是KDF。

密钥衍生函数（KDF）是用于从一些密值（例如主密钥、密码）中衍生对称密钥的确定性算法。有多种类型的KDF，例如bcrypt、crypt、PBKDF2、scrypt、HKDF等。如要学习更多KDF的相关知识，请访问https://en.wikipedia.org/wiki/Key_

derivation_function。

为了从一个密值生成多个密钥，可以对一个数执行拼接（concatenate）和递增（increment）运算。

基于密码的密钥衍生函数用一个密码生成一个对称密钥。由于在实践中，用户通常使用较弱的密码，基于密码的密钥衍生函数比较慢，占用了大量内存，使其难以启动强力攻击和其他攻击。基于密码的密钥衍生函数使用广泛，因为难以记住密钥，且存储也有风险——有可能被盗。PBKDF2 是一个基于密码的密钥衍生函数的例子。

主密钥或者密码难以使用强力攻击破解；因此，如果你想从主密钥或者密码生成一个对称密钥，可以使用不以密码为基础的密钥衍生函数，例如 HKDF。HKDF 比 PBKDF2 快得多。

为什么使用 KDF，而不使用哈希函数?

哈希功能的输出可以当作对称密钥加密技术使用。所以你肯定在奇怪为什么需要 KDF。如果使用的是主密钥、密码或者强密码，那么使用一个哈希函数就行了。例如，HKDF 仅使用哈希函数生成密钥。但是如果不能保证用户使用强密码，最好使用哈希函数衍生的密码。

5.5 LightWallet

LightWallet 是一个实现 BIP32、BIP39 和 BIP44 的 HD 钱包。LightWallet 提供 API 来创建和签署交易，或者使用 LightWallet 生成的地址和密钥加密和解密数据。

LightWallet API 被分成 4 个命名空间，即 keystore、signing、encryption 和 txutils。signing、encrpytion 和 txutils 分别用来提供 API 以签名交易、非对称的密码和创建交易，而 keystore 命名空间用于创建 keystore、生成种子等。keystore 是一个存储加密种子和密钥的对象。如果使用 Hooked-Web3-Provider，keystore 命名空间实现交易签名者方法，该方法要求签署 we3.eth.sendTransaction() 调用。因此 keystore 命名空间对于在其中发现的地址可以自动创建和签署交易。实际上，LightWallet 的主要目的是成为 Hooked-Web3-Provider 的一个签名提供方。

可以配置密钥存储实例，来创建和签署交易或者加密和解密数据。签署交易用

secp256k1 参数，加密和解密用 curve25519 参数。

LightWallet 的种子是一个 12 词的助记符，容易记住但不容易进行破解。它不是任意 12 个词，而是 LightWallet 生成的种子。LightWallet 生成的种子在选择词和其他东西方面有特定的属性。

HD 衍生路径

HD 衍生路径是一个字符串，可以使多个加密货币（假设它们使用相同的签名算法）、多个区块链和多个账户等的处理变得容易。

HD 衍生路径需要多少参数就可以有多少参数，还可以对参数使用不同的数值，可以产生不同的地址群和相关密钥。

LightWallet 默认使用 m/0'/0'/0' 衍生路径。这里，/n' 是参数，n 是参数值。

每个 HD 衍生路径都有 curve 和 purpose。purpose 可以是 sign 或者 asymEncrypt。sign 表示该路径用于签署交易，asyEncrypt 表示该路径用于加密和解码。curve 表示 ECC 的参数。为了签名，参数必须是 secp256k1；对于不对称加密，curve 必须是 curve25591, 因为 LightWallet 出于自身利益强迫我们使用这些参数。

5.6　创建钱包服务

我们已经学习了关于 LightWallet 的理论，现在是时候用 LightWallet 和 Hooked-Web3-Provider 创建钱包服务了。钱包服务将允许用户生成独一无二的种子，显示地址和相关余额，最后将允许用户发送以太币给其他账户。所有操作都在客户端上进行，这样比较容易取得用户的信任。用户必须记住种子或者把它存储在某个地方。

5.6.1　必要条件

在开始创建钱包服务之前，应确保运行 geth 开发实例（即挖矿），它已启动了 HTTP-RPC 服务器，允许来自任何域名的客户端请求，最后解锁账户 0。运行下面的代码：

```
    geth --dev --rpc --rpccorsdomain "*" --rpcaddr "0.0.0.0" --rpcport
"8545" --mine --unlock=0
```

其中，--rpccorsdomain 用于允许一些特定域与 geth 通信。需要提供一个以空格分隔的域名列表，例如“ http://localhost:8080 https://mySite.com* ”。它还支持 * 通配符。--rpcaddr 表示 geth 服务器可以到达哪个 IP 地址。默认的是 127.0.0.1，所以如果它是一个托管服务器，就不能使用服务器的公共 IP 地址到达它。因此，将它的值改为 0.0.0.0，这表示该服务器可以使用任何 IP 地址到达。

5.6.2 项目结构

在本章的练习文件中，你将发现 Final 和 Initial 两个目录。Final 包含项目的最终源代码，而 Initial 包含可以用于迅速创建应用的空的源代码文件和库。

> 为了测试 Final 目录，需要在其中运行 npm install，然后使用 Final 目录中的 node app.js 命令运行该应用。

在 Initial 目录中，你将发现一个 public 目录和两个文件（app.js 和 package.json）。package.json 包含应用的后端相关内容，把后端源代码放在 app.js 里。

public 目录包含与前端相关的文件。在 public/css 中会发现 bootstrap.min.css，它是 bootstrap 库；在 public/html 中会发现 index.html，把应用的 HTML 代码放在这里；在 public/js 目录中将发现 Hooked-Web3-Provider、web3js 和 LightWallet 的 .js 文件。在 public/js 中还会发现一个 main.js 文件，把应用的前端 JS 代码放在这里。

5.6.3 创建后端

先来创建 App 后端。首先，在 Initial 目录中运行 npm install，为后端安装所需相关内容。

运行快捷服务并用于 index.html 文件和静态文件的完整后端代码如下：

```
var express = require("express");
var app = express();

app.use(express.static("public"));

app.get("/", function(req, res){
 res.sendFile(__dirname + "/public/html/index.html");
})

app.listen(8080);
```

上述代码无须解释。

5.6.4　创建前端

现在开始创建 App 前端。前端所包括的主要功能有生成种子、显示种子地址和发送以太币。

编写应用的 HTML 代码。把如下代码放入 index.html 文件中：

```
<!DOCTYPE html>
 <html lang="en">
     <head>
         <meta charset="utf-8">
         <meta name="viewport" content="width=device-width, initial-
scale=1, shrink-to-fit=no">
         <meta http-equiv="x-ua-compatible" content="ie=edge">
         <link rel="stylesheet" href="/css/bootstrap.min.css">
     </head>
     <body>
         <div class="container">
             <div class="row">
                 <div class="col-md-6 offset-md-3">
                     <br>
                     <div class="alert alert-info" id="info" role="alert">
                           Create or use your existing wallet.
                     </div>
                     <form>
                         <div class="form-group">
                             <label for="seed">Enter 12-word seed</label>
                             <input type="text" class="form-control"
id="seed">
                         </div>
                         <button type="button" class="btn btn-primary"
onclick="generate_addresses()">Generate Details</button>
                         <button type="button" class="btn btn-primary"
onclick="generate_seed()">Generate New Seed</button>
                     </form>
                     <hr>
                     <h2 class="text-xs-center">Address, Keys and Balances
of the seed</h2>
                     <ol id="list">
                     </ol>
                     <hr>
                     <h2 class="text-xs-center">Send ether</h2>
                     <form>
                         <div class="form-group">
                             <label for="address1">From address</label>
                             <input type="text" class="form-control"
id="address1">
                         </div>
                         <div class="form-group">
                             <label for="address2">To address</label>
                             <input type="text" class="form-control"
id="address2">
```

```
                        </div>
                        <div class="form-group">
                            <label for="ether">Ether</label>
                            <input type="text" class="form-control"
id="ether">
                        </div>
                        <button type="button" class="btn btn-primary"
onclick="send_ether()">Send Ether</button>
                    </form>
                </div>
            </div>
        </div>

            <script src="/js/web3.min.js"></script>
            <script src="/js/hooked-web3-provider.min.js"></script>
        <script src="/js/lightwallet.min.js"></script>
        <script src="/js/main.js"></script>
    </body>
</html>
```

上述代码的执行过程如下：

1）把 Bootstrap 4 样式表排入队列。

2）显示一个信息框，上面将显示多个信息。

3）得到一个表单，上面有一个输入框和两个按钮。输入框用于输入 seed 或者在生成新的 seed 时显示 seed。

4）Generate Details 按钮用于显示地址，Generate NewSeed 按钮用于生成一个新的、独一无二的 seed。用户单击 Generate Details 按钮就调用 generate_Addresses() 方法，单击 Generate New Seed 按钮就调用 generate_seed() 方法。

5）这时就有了一个空的有序列表。当用户单击 Generate Details 按钮时，将动态显示 seed 地址、余额和相关私钥。

6）最后有另外一张表单，其中有 from 地址、to 地址和要转账的以太币数量。from 地址必须是当前未排序列表中显示的地址之一。

现在编写 HTML 代码调用的每个函数的实现。首先编写代码，生成一个新的 seed。将这段代码放入 main.js 文件：

```
function generate_seed()
{
 var new_seed = lightwallet.keystore.generateRandomSeed();

 document.getElementById("seed").value = new_seed;

 generate_addresses(new_seed);
}
```

keystore 命名空间的 generateRandomSeed() 方法用于生成一个随机 seed。它用接受一个可选参数，即一个表示额外的熵的字符串。

在一些算法中或者需要随机数的地方会用到熵。熵通常来自于硬件源或者已经存在的硬件源，例如鼠标移动，或者特别提供的随机数生成器。

生成一个独特的 seed 需要非常高的熵。LightWallet 内置了生成唯一 seed 的方法。LightWallet 生成熵使用的算法取决于环境。但是如果能生成更好的熵，就可以把生成的熵传送给 generateRandomSeed()，它将在内部与 generateRandomSeed() 生成的熵进行拼接。

生成随机 seed 之后，调用 generate_Addresses 方法。该方法以 seed 作为参数，并在其中显示地址。在生成地址之前，它会问用户想要多少个地址。

generate_Addresses() 方法的实现如下。把如下代码放入 main.js 文件中：

```
var totalAddresses = 0;

function generate_addresses(seed)
{
 if(seed == undefined)
 {
  seed = document.getElementById("seed").value;
 }

 if(!lightwallet.keystore.isSeedValid(seed))
 {
  document.getElementById("info").innerHTML = "Please enter a valid seed";
  return;
 }

 totalAddresses = prompt("How many addresses do you want to generate");

 if(!Number.isInteger(parseInt(totalAddresses)))
 {
  document.getElementById("info").innerHTML = "Please enter valid number of
addresses";
  return;
 }
 var password = Math.random().toString();

 lightwallet.keystore.createVault({
  password: password,
    seedPhrase: seed
 }, function (err, ks) {
    ks.keyFromPassword(password, function (err, pwDerivedKey) {
```

```
        if(err)
        {
         document.getElementById("info").innerHTML = err;
        }
        else
        {
         ks.generateNewAddress(pwDerivedKey, totalAddresses);
         var addresses = ks.getAddresses();

         var web3 = new Web3(new
Web3.providers.HttpProvider("http://localhost:8545"));

         var html = "";

         for(var count = 0; count < addresses.length; count++)
         {
       var address = addresses[count];
       var private_key = ks.exportPrivateKey(address, pwDerivedKey);
       var balance = web3.eth.getBalance("0x" + address);

       html = html + "<li>";
       html = html + "<p><b>Address: </b>0x" + address + "</p>";
       html = html + "<p><b>Private Key: </b>0x" + private_key + "</p>";
       html = html + "<p><b>Balance: </b>" + web3.fromWei(balance, "ether") +
" ether</p>";
          html = html + "</li>";
         }

         document.getElementById("list").innerHTML = html;
        }
     });
 });
}
```

上述代码的执行过程如下：

1）首先有一个变量 totalAddresses，它存储用户希望生成的地址总数。

2）检查参数 seed 是否定义了。如果没有定义，则从输入栏抓取 seed。这样做，generate_Addressess() 方法可以用于显示信息 seed，如果用户单击 Generate Details 按钮，还同时生成一个新的 seed。

3）使用 isSeedValid() 方法验证 keystore 命名空间的 seed。

4）请用户输入想要生成和展示多少地址并进行验证。

5）keystore 命名空间中的私钥总是加密存储的。在生成密钥时，需要进行加密；在签署交易时，需要解密。衍生对称加密密钥的密码可以由用户输入，或者提供一个随机字符串作为密码。为了使用户体验更好，生成一个随机字符串，将它用作密码。对称加密密钥没有存储在 keystore 命名空间里，因此只要进行与私钥相关的操作，例如生成密钥、访问密钥等，就需要从密码生成密钥。

6）使用 createVault 方法创建 keystore 实例。createVault 用一个对象和一个回调函数作为参数。对象可以有 4 种属性：password、seedPharse、salt 和 hdPathString。password 是必选项，其他的都是可选项。如果不提供 seedPharse，它会生成和使用一个随机 seed。拼接 salt 与 password，以提高对称密钥加密技术的安全性，因为攻击者不仅要找到 password 还得找到 salt。如果不提供 salt，它就会随机生成。keystore 命名空间存储未加密的 salt。hdPathString 用于为 keystore 命名空间提供默认衍生路径，即生成地址、签署交易等。如果不提供衍生路径，则使用该衍生路径。如果不提供 hdPathString，则默认值为 m/0'/0'/0'。这个衍生路径的默认目的是签名。可以创建新的衍生路径或者使用 keystore 实例的 addHdDerivationPath() 方法重写当前衍生路径的 purpose。还可以使用 keystore 实例的 setDefaultHdDerivationPath() 方法改变默认衍生路径。最后，一旦 keystore 命名空间被创建，就通过回调函数返回实例。所以，这里仅用 keyword 和 seed 创建了一个 keystore。

7）生成用户指定数量的地址及其相关密钥。从一个 seed 中可以生成数百万个地址，因为 keystore 不知道用户想生成多少个地址，所以在此之前不会生成任何地址。在创建 keystore 之后，使用 keyFromPassword 方法从密码中生成对称密钥，然后调用 generateNewAddress() 方法生成地址及其相关密钥。

8）generateNewAddress() 有 3 个实参，即密码衍生的密钥、生成地址的数量和衍生路径。因为没有提供衍生路径，它使用 keystore 的默认衍生路径。如果多次调用 generateNewAddress()，它会从在最后一次调用中创建的地址重新开始。例如，如果调用该方法两次，每次生成两个地址，则将得到前四个地址。

9）使用 getAddresses() 获取存储在 keystore 上的全部地址。

10）使用 exportPrivateKey 方法解码和检索地址私钥。

11）使用 web3.eth.getBalance() 获取地址余额。

12）在未排序的列表中显示全部信息。

上面介绍了从 seed 生成地址及其私钥的方法。现在编写 send_ether() 方法的实现，该方法用于从一个由 seed 生成的地址发送以太币。

相关代码如下。将这段代码放入 main.js 文件：

```
function send_ether()
{
 var seed = document.getElementById("seed").value;
```

```
    if(!lightwallet.keystore.isSeedValid(seed))
    {
     document.getElementById("info").innerHTML = "Please enter a valid seed";
     return;
    }

    var password = Math.random().toString();

    lightwallet.keystore.createVault({
     password: password,
       seedPhrase: seed
    }, function (err, ks) {
       ks.keyFromPassword(password, function (err, pwDerivedKey) {
         if(err)
         {
          document.getElementById("info").innerHTML = err;
         }
         else
         {
          ks.generateNewAddress(pwDerivedKey, totalAddresses);

          ks.passwordProvider = function (callback) {
             callback(null, password);
          };

          var provider = new HookedWeb3Provider({
          host: "http://localhost:8545",
          transaction_signer: ks
       });

          var web3 = new Web3(provider);

          var from = document.getElementById("address1").value;
       var to = document.getElementById("address2").value;
          var value = web3.toWei(document.getElementById("ether").value,
  "ether");

          web3.eth.sendTransaction({
           from: from,
           to: to,
           value: value,
           gas: 21000
          }, function(error, result){
           if(error)
           {
            document.getElementById("info").innerHTML = error;
           }
           else
           {
            document.getElementById("info").innerHTML = "Txn hash: " + result;
           }
          })
         }
```

```
        });
    });
}
```

上述代码直到由 seed 生成地址的部分都无须解释。然后给 ks 的 passwordProvider 属性分配一个回调函数。该回调函数在签署交易时被调用，以获取密码解码私钥。如果不提供，LightWallet 就会提示用户输入密码。此时，通过传送 keystore 作为交易签署者创建一个 HookedWeb3Provider 实例。当自定义服务提供方想签署交易时，它调用 ks 的 hasAddress 方法和 signTransactions 方法。如果要签署的地址不在生成的地址之中，ks 将向自定义服务提供方返回错误。最后使用 web3.eth.sendTransaction 方法发送一些以太币。

5.6.5　测试

钱包服务的创建已经完成了，让我们测试一下，确保它像预想的那样工作。首先，在 Initial 目录中运行 node app.js，然后在浏览器中访问 http://localhost:8080，运行界面如图 5-11 所示。

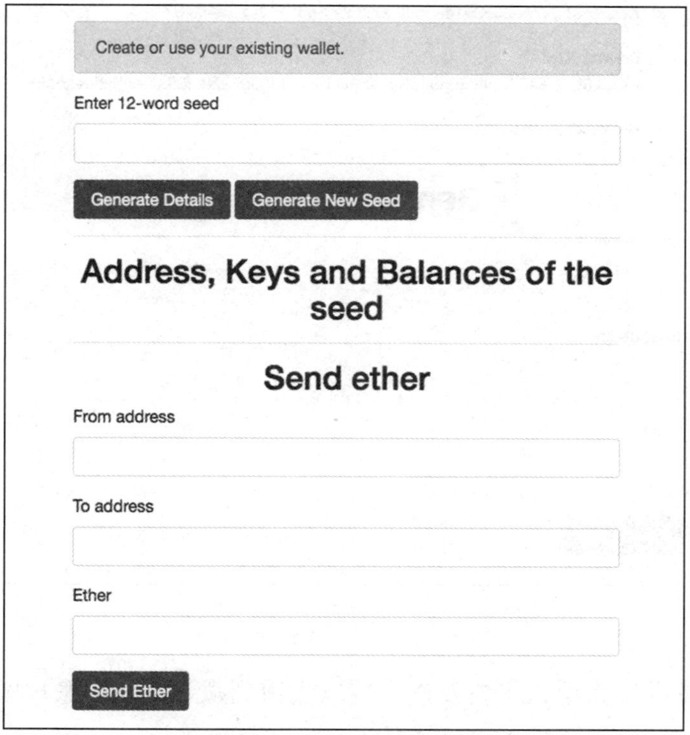

Create or use your existing wallet.

Enter 12-word seed

Generate Details　Generate New Seed

Address, Keys and Balances of the seed

Send ether

From address

To address

Ether

Send Ether

图　5-1

单击 Generate New Seed 按钮，生成一个新的 seed。提示输入一个数字，代表要生成地址的数量。可以输入任何数字，但是为了实现测试目的，给出一个大于 1 的数。运行界面如图 5-2 所示。

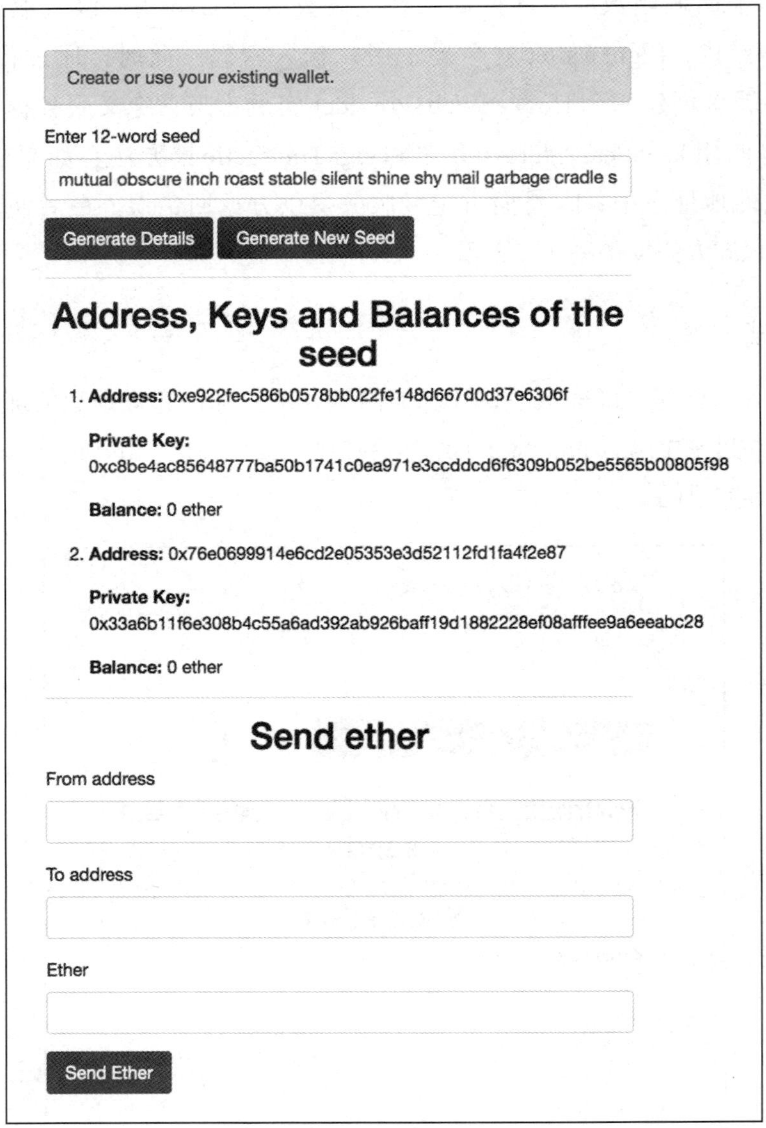

图 5-2

现在测试发送以太币，需要发送一些以太币到从 coinbase 账户中生成的地址之一。一旦发送一些以太币到生成的地址之一，即单击 Generate Details 按钮更新用户界面（UI），尽管并不需要测试使用钱包服务发送以太币。确保再次生成同一个地址。此时的运行界面如图 5-3 所示。

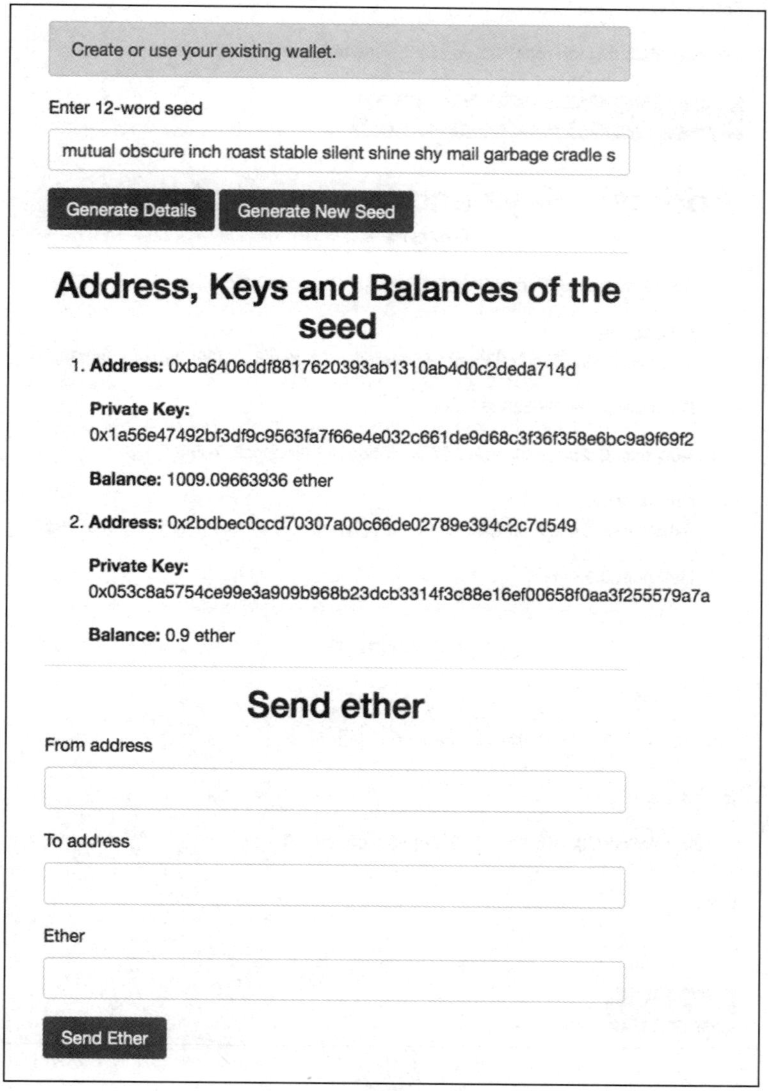

图　5-3

在 From address 栏中输入列表中有余额的账户的地址，然后在 To address 栏输入另一个地址。为了进行测试，可以输入显示的任意其他地址。接着输入一个以太币数量，该值要小于等于地址账户中以太币的余额。运行界面如图 5-4 所示。

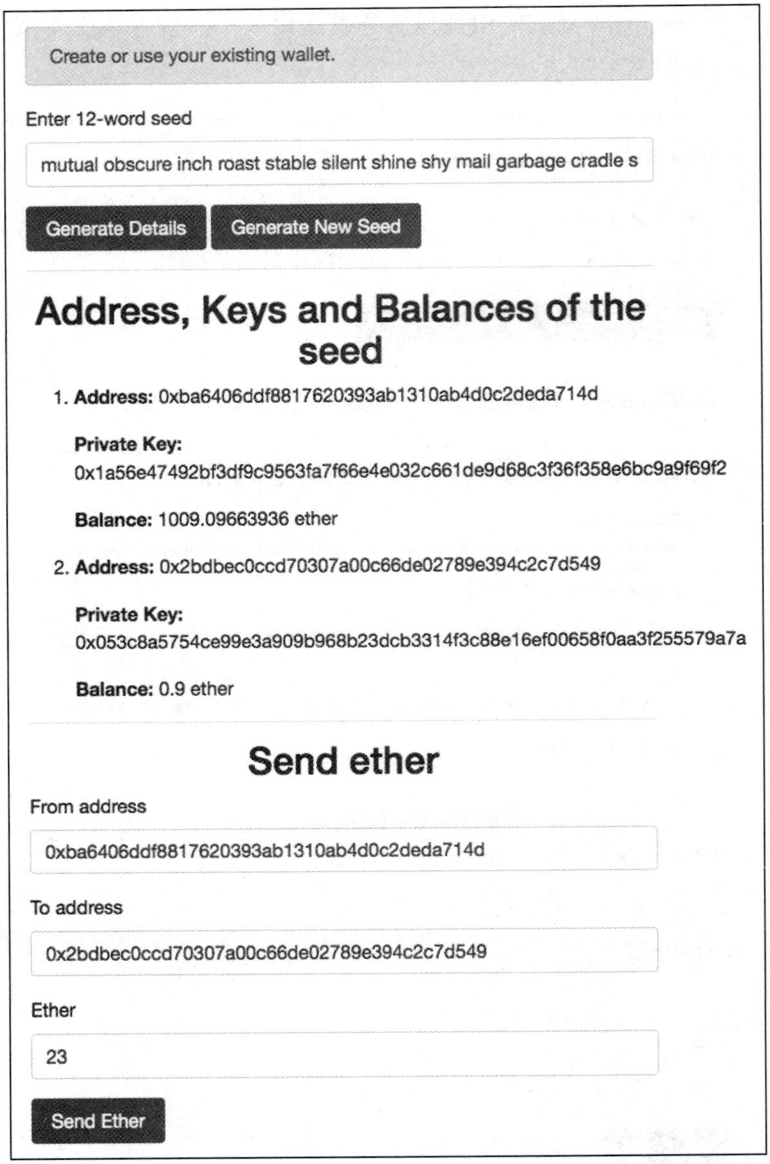

Create or use your existing wallet.

Enter 12-word seed

mutual obscure inch roast stable silent shine shy mail garbage cradle s

Generate Details | Generate New Seed

Address, Keys and Balances of the seed

1. **Address:** 0xba6406ddf8817620393ab1310ab4d0c2deda714d

   Private Key: 0x1a56e47492bf3df9c9563fa7f66e4e032c661de9d68c3f36f358e6bc9a9f69f2

   Balance: 1009.09663936 ether

2. **Address:** 0x2bdbec0ccd70307a00c66de02789e394c2c7d549

   Private Key: 0x053c8a5754ce99e3a909b968b23dcb3314f3c88e16ef00658f0aa3f255579a7a

   Balance: 0.9 ether

Send ether

From address

0xba6406ddf8817620393ab1310ab4d0c2deda714d

To address

0x2bdbec0ccd70307a00c66de02789e394c2c7d549

Ether

23

Send Ether

图 5-4

单击 Send Ether 按钮，即可在信息框中看到交易哈希。等待挖出交易。同时在很短的时间内，可以单击 Generate Details 按钮查询交易是否被挖出。如果交易被挖出，则运行界面如图 5-5 所示。

如果每件事都和刚才解释的一样，那么钱包服务就已经就绪了。实际上，可以把该服务部署到一个自定义域名，让公众使用它。

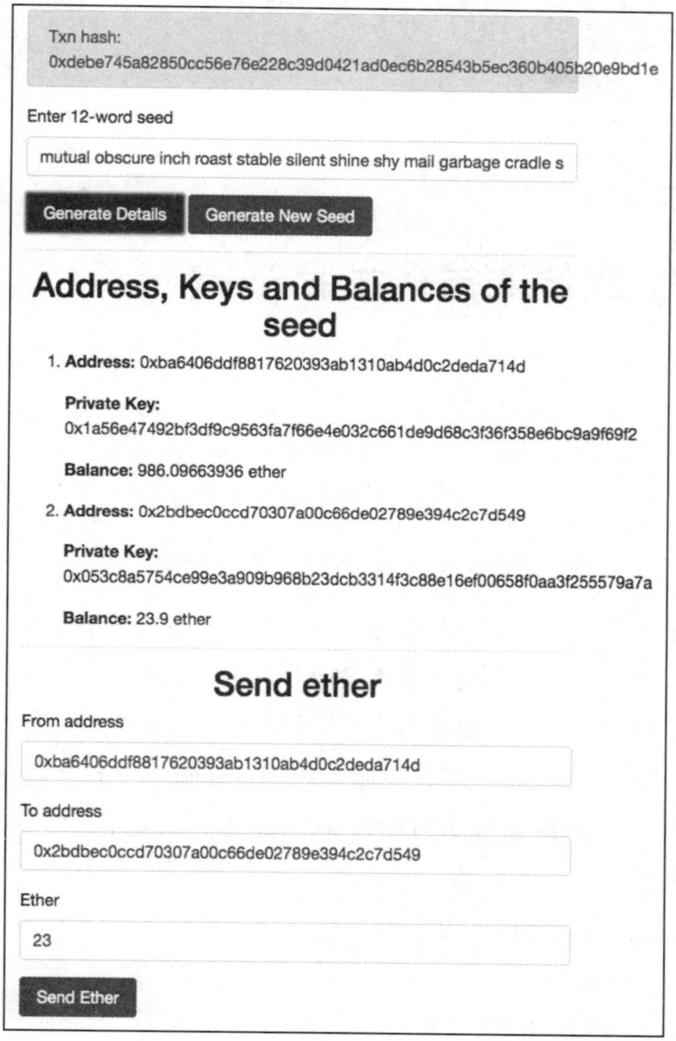

Txn hash:
0xdebe745a82850cc56e76e228c39d0421ad0ec6b28543b5ec360b405b20e9bd1e

Enter 12-word seed

mutual obscure inch roast stable silent shine shy mail garbage cradle s

Generate Details　Generate New Seed

Address, Keys and Balances of the seed

1. **Address:** 0xba6406ddf8817620393ab1310ab4d0c2deda714d

   Private Key:
   0x1a56e47492bf3df9c9563fa7f66e4e032c661de9d68c3f36f358e6bc9a9f69f2

   Balance: 986.09663936 ether

2. **Address:** 0x2bdbec0ccd70307a00c66de02789e394c2c7d549

   Private Key:
   0x053c8a5754ce99e3a909b968b23dcb3314f3c88e16ef00658f0aa3f255579a7a

   Balance: 23.9 ether

Send ether

From address

0xba6406ddf8817620393ab1310ab4d0c2deda714d

To address

0x2bdbec0ccd70307a00c66de02789e394c2c7d549

Ether

23

Send Ether

图　5-5

5.7　总结

在本章中，我们首先学习了 3 个重要的以太坊库：Hooked-Web3-Provider、EthereumJS-tx 和 LightWallet。这些库可用于在以太坊节点之外管理账户和签署交易。这些库在大多数 DApp 中开发客户端时这些库很有用。然后创建了一个允许用户管理账户的钱包服务，这些账户与服务后端共享私钥或者与钱包相关的任何信息。

在下一章中，我们将创建创建智能合约部署平台。

Chapter 6 第 6 章

创建智能合约部署平台

有些客户端可能需要在运行时编译和部署合约。在所有权证明 DApp 中，我们手动部署智能合约并在客户端代码中硬编码合约地址。但是有些客户端可能需要在运行时部署智能合约。例如，如果客户端让学校在区块链中记录学生出勤情况，那么每次注册一个新学校都需要部署智能合约，这样每个学校才能完全控制其智能合约。在本章中，我们将学习如何使用 web3.js 编译智能合约，并使用 web3.js 和 EthereumJS 部署智能合约。

在本章中，我们将讲解以下内容：

- 计算交易 nonce。
- 使用交易池 JSON-RPC API。
- 为合约创建和方法调用生成交易数据。
- 估算交易所需的 gas。
- 发现账户的当前可用余额。
- 使用 solcjs 编译智能合约。
- 开发一个编写、编译和部署智能合约的平台。

6.1 计算一个地址的交易 nonce

对于用 geth 维护的账户，不需要担心 nonce 计数，因为 geth 可以向交易添加正确的 nonce 并签名。如果账户不是用 geth 管理的，则需要自行计算 nonce。

为了自行计算 nonce，可以使用 geth 提供的 getTransactionCount 方法。第一个实参应当是所需的交易数的地址，第二个实参是需要交易数的那个区块。我们可以用“pending（待定）”字符串作为区块，这个区块包括从当前挖出的区块的交易。正如此前的章节所述，geth 维护一个待定交易和排队交易的交易池。为了挖出一个区块，geth 把待定交易从交易池中取出，并开始挖新的区块。在没有挖该区块之前，待定交易一直在交易池中，一旦挖出来，该交易就从交易池中删除。在挖区块过程中接收到的新 incoming 交易被放入交易池，在下一个区块中被挖。所以当调用 getTransactionCount 并把“pending”作为第二个实参时，它不会看交易池里面；相反，它就认为该交易在待定区块里。

所以，如果想从不被 geth 管理的账户发送交易，就要计算区块链中账户交易的总数，并和交易池中的待定交易相加。如果想使用来自待定区块的待定交易，则不能得到正确的 nonce，因为交易被发送给 geth 的间隔可能只有几秒，而平均需要 12 秒才能在区块链中确认交易。

在前一章中，我们用 Hooked-Web3-Provider 向交易中添加 nonce。不幸的是，Hooked-Web3-Provider 尝试得到 nounce 的方法并不正确。它为每个账户维护一个计数器，每次从该账户发送交易就增加计数。但如果交易是非法的（例如，如果交易尝试发送比账户内更多的以太币），它并不能减少计数。因此直到 Hooked-Web3-Provider 被重置（即客户端被重置），该账户的其他交易都在排队且不会被挖。如果创建多个 Hooked-Web3-Provider 实例，则这些实例不能彼此同步账户的 nonce，所以最终的 nonce 结果可能是错的。但是在向交易添加 nonce 之前，Hooked-Web3-Provider 得到的总是到待定区块的交易计数器，并使用与计数器相比较大的那一个。所以如果来自于 Hooked-Web3-Provider 管理的一个账户的交易是网络中的另一个节点发送的，并被待定区块接纳，则 Hooked-Web3-Provider 能看到它。但是不能依赖整个 Hooked-Web3-Provider 计算 nonce。这对于客户端应用原型机制造很有益处，并适合在如果没有向网络广播交易且 Hooked-Web3-Provider 经常重置用户，就可以看到和重新发送交易的应用中使用。例如，在钱包服务中，用户将频繁地上载页面，所以经常创建新的 Hooked-Web3-Provider 实例。如果交易没有被广播、不合法或者没有被挖出，那么用户可以更新页面并重新发送交易。

6.2 solcjs 概述

solcjs 是用于编译 solidity 文件的 node.js 库和命令行工具。它不使用 solc 命令行编译器，而是纯粹使用 JavaScript 进行编译，因此它的安装比 solc 简单得多。

Solc 是真实的 solidity 编译器，用 C++ 编写。C++ 代码使用 emscripten 被编译成 JavaScript。Solc 的每一个版本都被编译成 JavaScript。访问 https://gIthub.com/ethereum/solc-bin/tree/gh-pages/bin，可以发现每个 solidity 版本的以 JavaScript 为基础的编译器。solcjs 仅使用这些编译器中的一种来编译 solidity 源代码。这些编译器在浏览器和 node.js 环境中都可以运行。

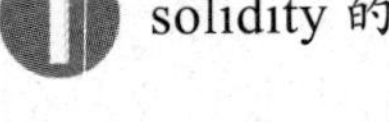

solidity 的浏览器使用这些以 JavaScript 为基础的编译器编译 solidity 源代码。

6.2.1 安装 solcjs

solcjs 可以作为 solc 的 npm 包使用。和其他 npm 包一样，solcjs npm 包可以在本地或者全局安装。如果包安装在全局，则命令行工具 solcjs 可用。因此，为了安装命令行工具，运行如下命令：

```
npm install -g solc
```

接着运行如下命令，看看如何用命令行编译器编译 solidity 文件：

```
solcjs -help
```

我们不学习 solcjs 命令行工具，而是学习用 solcjs API 编译 solidity 文件。

solcjs 默认使用的编译器版本与其自身版本匹配。例如，如果安装 solcjs 的 0.4.8 版本，则将默认使用 0.4.8 编译器版本进行编译。也可以配置 solcjs，以使用一些其他的编译器版本。在写本书之时，solcjs 的最新版本是 0.4.8。

6.2.2 solcjs API

solcjs 提供了 compiler 方法，用于编译 solidity 代码。根据源代码是否有 import（引用），该方法可以用于两种不同方法：如果源代码没有 import，则需要两个实参，即第一个实参是字符串作 solidity 源代码，第二个实参是 Boolean，表示是否最优化字节码。如果源字符串包含多个合约，则将编译全部。示例如下：

```
var solc = require("solc");
var input = "contract x { function g() {} }";
var output = solc.compile(input, 1); // 1 activates the optimiser
for (var contractName in output.contracts) {
    // logging code and ABI
    console.log(contractName + ": " +
output.contracts[contractName].bytecode);
    console.log(contractName + "; " +
JSON.parse(output.contracts[contractName].interface));
}
```

如果源代码包含对其他合约的引用（imports），则第一个实参就是一个对象，它的键是文件名，值是文件内容。所以无论何时编译器看到一个 import 语句，它不会在文件系统中寻找文件，而是通过与文件名匹配的键在对象中寻找文件内容。示例如下：

```
var solc = require("solc");
var input = {
    "lib.sol": "library L { function f() returns (uint) { return 7; } }",
    "cont.sol": "import 'lib.sol'; contract x { function g() { L.f(); } }"
};
var output = solc.compile({sources: input}, 1);
for (var contractName in output.contracts)
    console.log(contractName + ": " +
output.contracts[contractName].bytecode);
```

如果想在编译时从文件系统读取被引用的文件或者在编译时解析文件内容，则 compiler 方法支持第三个实参，即取文件名并返回文件内容的方法。示例如下：

```
var solc = require("solc");
var input = {
    "cont.sol": "import 'lib.sol'; contract x { function g() { L.f(); }
};
function findImports(path) {
    if (path === "lib.sol")
        return { contents: "library L { function f() returns (uint) {
return 7; } }" }
    else
        return { error: "File not found" }
}
var output = solc.compile({sources: input}, 1, findImports);
for (var contractName in output.contracts)
    console.log(contractName + ": " +
output.contracts[contractName].bytecode);
```

1. 使用不同的编译器版本

为了使用不同的 solidity 版本编译合约，需要用 useVersion 方法去引用一个不同的编译器。useVersion 用一个字符串，该字符串表示存储了编译器的 JavaScript 文件名，并在 /node_modules/solc/bin 目录中寻找该文件。

solcjs 还提供另一种方式 loadRemoteVersion，它用的编译器文件名与 solc-bin 文件库（https://github.com/etherum/solc-bin）中的 solc-bin/bin 目录下的文件名进行匹配，并下载和使用。

最后，solcjs 还提供了另一个 setupMethods 方法，它与 useVersion 类似，但是可以从任意目录加载编译器。

下面用一个示例来演示这三个方法的用法：

```
var solc = require("solc");

var solcV047 = solc.useVersion("v0.4.7.commit.822622cf");
var output = solcV011.compile("contract t { function g() {} }", 1);

solc.loadRemoteVersion('soljson-v0.4.5.commit.b318366e', function(err,
solcV045) {
    if (err) {
        // An error was encountered, display and quit
    }

    var output = solcV045.compile("contract t { function g() {} }", 1);
});

var solcV048 = solc.setupMethods(require("/my/local/0.4.8.js"));
var output = solcV048.compile("contract t { function g() {} }", 1);

solc.loadRemoteVersion('latest', function(err, latestVersion) {
    if (err) {
        // An error was encountered, display and quit
    }
    var output = latestVersion.compile("contract t { function g() {} }",
1);
});
```

为了运行上述代码，首先需要从 solc-bin repository 下载 v0.4.7.commit.822622cf.js 文件，并将其保存在 node_modules/solc/bin 目录中。然后需要下载编译器文件版本 0.4.8，将其保存在文件系统中某处，并把 setupMethods 调用中的路径指向那个目录。

2. 接入库

如果 solidity 源代码引用库，生成的字节码将包含被引用库真实地址的占位符。这些必须在部署合约之前，通过一个称为接入（linking）的程序更新。

solcjs 提供了把库地址接入生成的字节码的 linkByteCode 方法。示例如下：

```
var solc = require("solc");

var input = {
    "lib.sol": "library L { function f() returns (uint) { return 7; } }",
    "cont.sol": "import 'lib.sol'; contract x { function g() { L.f(); } }"
};

var output = solc.compile({sources: input}, 1);

var finalByteCode = solc.linkBytecode(output.contracts["x"].bytecode, {
'L': '0x123456...' });
```

3. 更新 ABI

合约 ABI 提供多种信息，这些信息不包括合约的实现。两种不同版本的编译器生成的 ABI 可能不匹配，因为较高版本比较低版本支持更多的 solidity 功能，所以 ABI 中有一些额外信息。例如，回退函数是在 Solidity 0.4.0 版本时引入的，所以使用 0.4.0 以下版本编译器生成的 ABI 没有回退函数的信息，但这些智能合约的行为就像它们有回退函数一样，只不过是空的函数体和应付修改器。所以应当更新 ABI，以便让依赖于较新 Solidity 版本 ABI 的应用有关于合约的更佳信息。

solcjs 提供了用于更新的 API。示例如下：

```
var abi = require("solc/abi");

var inputABI =
[{"constant":false,"inputs":[],"name":"hello","outputs":[{"name":"","type":
"string"}],"payable":false,"type":"function"}];
var outputABI = abi.update("0.3.6", inputABI)
```

其中，0.3.6 表示 ABI 是由 0.3.6 版本编译器生成的。因为我们正在使用 solcjs 版本 0.4.8，将更新 ABI 以匹配编译器版本生成的 ABI，但不能是更高的版本。

上述代码的输出如下：

```
[{"constant":false,"inputs":[],"name":"hello","outputs":[{"name":"","type":
"string"}],"payable":true,"type":"function"},{"type":"fallback","payable":t
rue}]
```

6.3　创建合约部署平台

我们已经学习了如何使用 solcjs 编译 solidity 源代码，下面来创建一个编写、编译和部署合约的平台。平台将允许用户提供其账户地址和私钥来帮助他们部署合约。

在开始创建应用之前，确保在运行 geth 开发实例（即挖矿）时启动 rpc，并在 HTTP-RPC 服务端上展示 eth、web3 和 txpool API。可以运行下面的代码：

```
geth --dev --rpc --rpccorsdomain "*" --rpcaddr "0.0.0.0" --rpcport
"8545" --mine --rpcapi "eth,txpool,web3"
```

6.3.1 项目结构

在本章的练习文件中，将发现两个目录：Final 和 Initial。Final 包含项目的最终源代码，而 Initial 包含可以用于迅速创建应用的空的源代码文件和库。

> 为了测试 Final 目录，需要在其中运行 npm install。然后，使用 Final 目录中的 node app.js 命令运行该应用。

在 Initial 目录中，将发现一个 public 目录和两个文件（app.js 和 package.json）。package.json 包含应用的后端相关内容，app.js 则包含应用的后端源代码。

public 目录包含与前端相关的文件。在 public/css 中会发现 bootstrap.min.css，它是 Bootstrap 库；在 public/html 中会发现 index.html，把应用的 HTML 代码放在这里；在 public/js 目录中将发现 mirror 和 web3.js 的 .js 文件，还会发现一个 main.js 文件，把应用的前端 JS 代码放在这里。

6.3.2 创建后端

先创建 App 后端。首先，在 initial 目录中运行 npm install，为后端安装所需相关内容。

下面是运行快捷服务并用于 index.html 文件和静态文件的完整后端代码：

```
var express = require("express");
var app = express();

app.use(express.static("public"));

app.get("/", function(req, res){
 res.sendFile(__dirname + "/public/html/index.html");
})

app.listen(8080);
```

程序代码无须解释说明。继续创建后端操作。应用上会有 Compile 和 Deploy 两个按钮。用户单击 Compile 按钮，就编译合约；单击 Deploy 按钮，就部署合约。

我们将在后端编译和部署合约。尽管这可以在前端实现，我们还是在后端进行操作，因为 solcjs 仅对 node.js 可用（尽管它使用的 JavaScript-based 编译器在前端工作）。

为了学习如何在前端进行编译，最好了解一下 solcjs 源代码，以从中知悉 JavaScript-based 编译器显示的 API 的一些情况。

用户单击 Compile 按钮时，前端将通过传送合约源代码向 /compile 路径发出 GET 请求。如下是该路径的代码：

```
var solc = require("solc");

app.get("/compile", function(req, res){
 var output = solc.compile(req.query.code, 1);
 res.send(output);
})
```

首先导入 solcjs 库。然后定义 /compile 路径，在路径回调函数中仅编译启动 optimizer 的客户端发送的源代码。接着只发送 solc. compile 方法的返回值到前端，并让客户端检查编译是否成功。

用户单击 Deploy 按钮时，前端通过传送合约源代码和来自该地址的 constructor 实参和私钥向 /compile 路径发出 GET 请求。当用户单击这个按钮时，合约就被部署了，交易哈希将被返回给用户。相关代码如下：

程序代码的执行过程如下：

```
var Web3 = require("web3");
var BigNumber = require("bignumber.js");
var ethereumjsUtil = require("ethereumjs-util");
var ethereumjsTx = require("ethereumjs-tx");

var web3 = new Web3(new
Web3.providers.HttpProvider("http://localhost:8545"));

function etherSpentInPendingTransactions(address, callback)
{
 web3.currentProvider.sendAsync({
    method: "txpool_content",
    params: [],
    jsonrpc: "2.0",
    id: new Date().getTime()
 }, function (error, result) {
  if(result.result.pending)
  {
   if(result.result.pending[address])
   {
    var txns = result.result.pending[address];
    var cost = new BigNumber(0);

    for(var txn in txns)
    {
```

```
    cost = cost.add((new BigNumber(parseInt(txns[txn].value))).add((new
BigNumber(parseInt(txns[txn].gas))).mul(new
BigNumber(parseInt(txns[txn].gasPrice)))));
   }

   callback(null, web3.fromWei(cost, "ether"));
  }
  else
  {
   callback(null, "0");
  }
 }
 else
 {
  callback(null, "0");
 }
})
}

function getNonce(address, callback)
{
 web3.eth.getTransactionCount(address, function(error, result){
  var txnsCount = result;

  web3.currentProvider.sendAsync({
     method: "txpool_content",
     params: [],
     jsonrpc: "2.0",
     id: new Date().getTime()
  }, function (error, result) {
   if(result.result.pending)
   {
    if(result.result.pending[address])
    {
     txnsCount = txnsCount +
Object.keys(result.result.pending[address]).length;
     callback(null, txnsCount);
    }
    else
    {
     callback(null, txnsCount);
    }
   }
   else
   {
    callback(null, txnsCount);
   }
  })
 })
}

app.get("/deploy", function(req, res){
 var code = req.query.code;
```

```
 var arguments = JSON.parse(req.query.arguments);
 var address = req.query.address;

 var output = solc.compile(code, 1);

 var contracts = output.contracts;

 for(var contractName in contracts)
 {
  var abi = JSON.parse(contracts[contractName].interface);
  var byteCode = contracts[contractName].bytecode;

  var contract = web3.eth.contract(abi);

  var data = contract.new.getData.call(null, ...arguments, {
   data: byteCode
  });

  var gasRequired = web3.eth.estimateGas({
     data: "0x" + data
  });

  web3.eth.getBalance(address, function(error, balance){
   var etherAvailable = web3.fromWei(balance, "ether");
   etherSpentInPendingTransactions(address, function(error, balance){
    etherAvailable = etherAvailable.sub(balance)
    if(etherAvailable.gte(web3.fromWei(new
BigNumber(web3.eth.gasPrice).mul(gasRequired), "ether")))
    {
     getNonce(address, function(error, nonce){
      var rawTx = {
             gasPrice: web3.toHex(web3.eth.gasPrice),
             gasLimit: web3.toHex(gasRequired),
             from: address,
             nonce: web3.toHex(nonce),
             data: "0x" + data
          };

      var privateKey = ethereumjsUtil.toBuffer(req.query.key, 'hex');
      var tx = new ethereumjsTx(rawTx);
      tx.sign(privateKey);

      web3.eth.sendRawTransaction("0x" + tx.serialize().toString('hex'),
function(err, hash) {
       res.send({result: {
        hash: hash,
       }});
      });
     })
    }
    else
    {
     res.send({error: "Insufficient Balance"});
```

```
            }
          })
        })

            break;
      }
    })
```

上述代码的执行过程如下：

1）Web 导入 web3.js、BigNumber.js、ethereumjs-util 和 ethereumjs-tx 库，然后创建一个 Web3 实例。

2）定义一个函数 etherInSpentPendingTransactions，该函数用于计算一个地址的待定所有交易花费的全部以太币。由于 web3.js 不提供与交易池相关的 JavaScript API，因此使用 web3.currentProvider.sendAsync 进行原始 JSON-RPC 调用。sendAsync 用于异步调用原始 JSON-RPC。如果想同步调用，则使用 send 方法而非 sendAsync。当计算一个地址的待定交易中花费的全部以太币时，我们在交易池而非在待定区块中寻找待定交易。在计算以太币总数时，我们把每个交易的值和 gas 加起来，因为消耗 gas 也会从账户以太币余额中扣除。

3）定义 geNonce 函数，使用之前讨论的技术检索一个地址的 nonce。它把挖出的交易总数和待定交易总数简单相加。

4）声明 /deploy 端点。首先编译合约，然后只部署第一个合约。如果在提供的源代码中发现多个合约，平台将只部署第一个合约。之后，可以改进 app，使其部署所有被编译的合约，而非仅仅第一个。然后使用 web3.eth.contract 创建一个合约对象。

5）由于不使用 Hooked-Web3-Provider 或者任何 hack 拦截发送交易并把它们转换成 sendRawTransaction 调用，为了部署合约，现在需要生成交易的数据部分，即将合约字节码和 constructor 实参合并，编译成十六进制的字符串。合约对象事实上允许生成交易数据。可以调用带函数实参的 getData 方法。如果想获取数据以部署合约，则调用 contract.new.getData；如果想调用合约的一个函数，则调用 contract.functionName.getData。在这两种情况下，都要为 getData 方法提供实参。所以为了生成交易数据，只需要合约的 ABI。为了更深入地学习函数名称、实参如何结合以及如何被编码以生成数据，请访问 https://github.com/ethereum/wiki/wiki/Ethereum-Contract-ABI#examples。但是如果有合约 ABI 或者知道如何手动创建 ABI，就不必访问了。

6）使用 web3.eth.estimateGas 来计算部署合约所需的 gas 数量。

7）检查地址是否有足够的以太币支付部署合约所需的 gas。检索地址余额，减去待定交易的花费，然后检查剩下的余额是否大于或者等于 gas 所需的以太币。

8）得到 nonce，签名并广播交易，把交易哈希返回到前端即可。

6.3.3　创建前端

现在创建应用前端。前端包含一个编辑器（editor），可供用户编写代码。当用户单击 Compile 按钮时，将动态地显示输入框，其中每个输入框代表一个构造函数实参。当用户单击 Deploy 按钮时，constructor 实参数值就来自这些输入框。用户需要在这些输入框中输入 JSON 字符串。

我们将使用代码镜像（mirror）库在前端整合编辑器。想更多地学习如何使用代码镜像，请访问 http://codemirror.net/。

应用的前端 HTML 代码如下。将这些代码放入 index.html 文件中：

```
<!DOCTYPE html>
<html lang="en">
    <head>
        <meta charset="utf-8">
        <meta name="viewport" content="width=device-width, initial-scale=1,
shrink-to-fit=no">
        <meta http-equiv="x-ua-compatible" content="ie=edge">
        <link rel="stylesheet" href="/css/bootstrap.min.css">
        <link rel="stylesheet" href="/css/codemirror.css">
        <style type="text/css">
            .CodeMirror
            {
                height: auto;
            }
        </style>
    </head>
    <body>
        <div class="container">
            <div class="row">
                <div class="col-md-6">
                    <br>
                    <textarea id="editor"></textarea>
                    <br>
                    <span id="errors"></span>
                    <button type="button" id="compile" class="btn btn-
primary">Compile</button>
                </div>
                <div class="col-md-6">
```

```
                        <br>
                        <form>
                            <div class="form-group">
                                <label for="address">Address</label>
                                <input type="text" class="form-control"
id="address" placeholder="Prefixed with 0x">
                            </div>
                            <div class="form-group">
                                <label for="key">Private Key</label>
                                <input type="text" class="form-control"
id="key" placeholder="Prefixed with 0x">
                            </div>
                            <hr>
                            <div id="arguments"></div>
                            <hr>
                            <button type="button" id="deploy" class="btn btn-
primary">Deploy</button>
                        </form>
                    </div>
                </div>
            </div>
            <script src="/js/codemirror.js"></script>
            <script src="/js/main.js"></script>
        </body>
</html>
```

在这里，可以看到有一个文本框。该文本框将包含用户输入到代码镜像编辑器中的任何内容。在程序代码中的其他东西无须解释。

完整的前端 JavaScript 代码如下。将这段代码放入 main.js 文件中：

```
var editor = CodeMirror.fromTextArea(document.getElementById("editor"), {
    lineNumbers: true,
});

var argumentsCount = 0;

document.getElementById("compile").addEventListener("click", function(){
 editor.save();
 var xhttp = new XMLHttpRequest();

 xhttp.onreadystatechange = function() {
     if (this.readyState == 4 && this.status == 200) {
      if(JSON.parse(xhttp.responseText).errors != undefined)
      {
       document.getElementById("errors").innerHTML =
JSON.parse(xhttp.responseText).errors + "<br><br>";
      }
      else
      {
       document.getElementById("errors").innerHTML = "";
      }
```

```
        var contracts = JSON.parse(xhttp.responseText).contracts;

        for(var contractName in contracts)
        {
         var abi = JSON.parse(contracts[contractName].interface);

         document.getElementById("arguments").innerHTML = "";

         for(var count1 = 0; count1 < abi.length; count1++)
         {
          if(abi[count1].type == "constructor")
          {
           argumentsCount = abi[count1].inputs.length;

           document.getElementById("arguments").innerHTML =
'<label>Arguments</label>';

           for(var count2 = 0; count2 < abi[count1].inputs.length; count2++)
           {
            var inputElement = document.createElement("input");
            inputElement.setAttribute("type", "text");
            inputElement.setAttribute("class", "form-control");
            inputElement.setAttribute("placeholder",
abi[count1].inputs[count2].type);
            inputElement.setAttribute("id", "arguments-" + (count2 + 1));

            var br = document.createElement("br");

            document.getElementById("arguments").appendChild(br);
            document.getElementById("arguments").appendChild(inputElement);
           }

           break;
          }
         }

         break;
        }
      }
 };

 xhttp.open("GET", "/compile?code=" +
encodeURIComponent(document.getElementById("editor").value), true);
 xhttp.send();
})

document.getElementById("deploy").addEventListener("click", function(){
 editor.save();

 var arguments = [];

 for(var count = 1; count <= argumentsCount; count++)
```

```
 {
  arguments[count - 1] = JSON.parse(document.getElementById("arguments-" +
count).value);
 }

 var xhttp = new XMLHttpRequest();

 xhttp.onreadystatechange = function() {

     if (this.readyState == 4 && this.status == 200)
     {
      var res = JSON.parse(xhttp.responseText);

      if(res.error)
      {
       alert("Error: " + res.error)
      }
      else
      {
       alert("Txn Hash: " + res.result.hash);
      }
     }
     else if(this.readyState == 4)
     {
      alert("An error occured.");
     }
 };

 xhttp.open("GET", "/deploy?code=" +
encodeURIComponent(document.getElementById("editor").value) + "&arguments="
+ encodeURIComponent(JSON.stringify(arguments)) + "&address=" +
document.getElementById("address").value + "&key=" +
document.getElementById("key").value, true);
 xhttp.send();
})
```

上述程序的执行过程如下：

1）添加代码编辑器到网页。代码编辑器将显示在 textarea 处，而 textarea 将被隐藏。

2）处理 Compile 按钮的单击事件处理程序。在其中保存编辑器，把编辑器的内容复制到 textarea 处。当按下 Compile 按钮时，向 /compile 路径发出请求，得到结果后解析它并显示输入框，这样用户可以输入 constructor 实参。这里只为第一个合约读取 constructor 实参。但是如果合约不止一个，就可以改进 UI，用于全部合约构造函数。

3）处理 Deploy 按钮的单击事件处理程序。这里读取 constructor 实参的值，解析并把它们放进一个数组，然后通过传送地址、密钥、代码和实参值，向 /deploy 端点添加一个请求。如果这里有错误，则在弹出框中显示；否则，在弹出框中显示交易哈希。

6.3.4　测试

为了测试 App，在 Initial 目录中运行 app.js 节点，访问 localhost：8080，将看到如图 6-1 所示的界面。

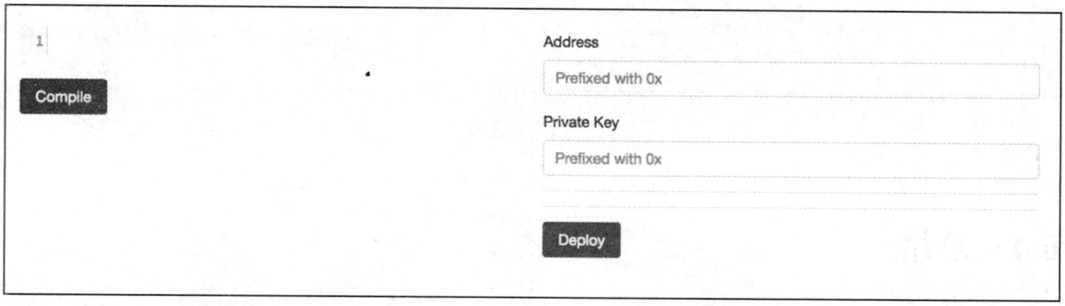

图　6-1

输入一些 solidity 合约代码，并单击 Compile 按钮，将看到右侧出现新的输入框，如图 6-2 所示。

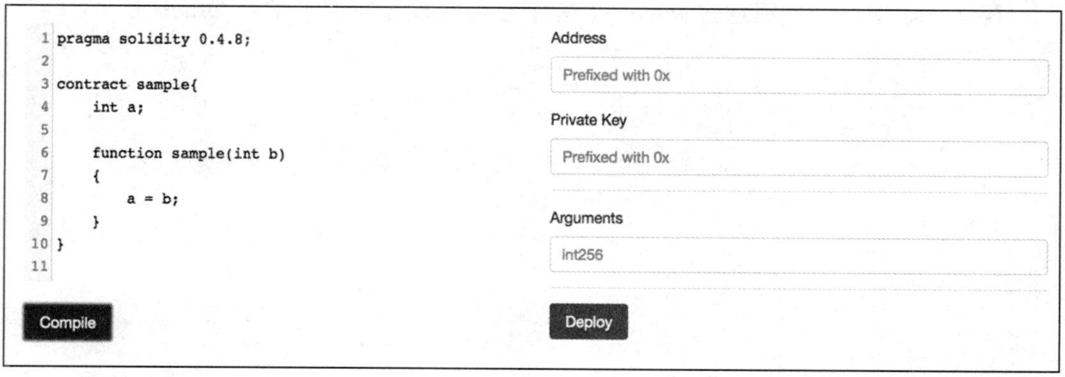

```
pragma solidity 0.4.8;

contract sample{
    int a;

    function sample(int b)
    {
        a = b;
    }
}
```

图　6-2

输入一个合法的地址及其私钥，然后输入 constructor 实参的数值，并单击 Deploy 按钮。如果一切正常，将看到带有交易哈希的报警框，如图 6-3 所示。

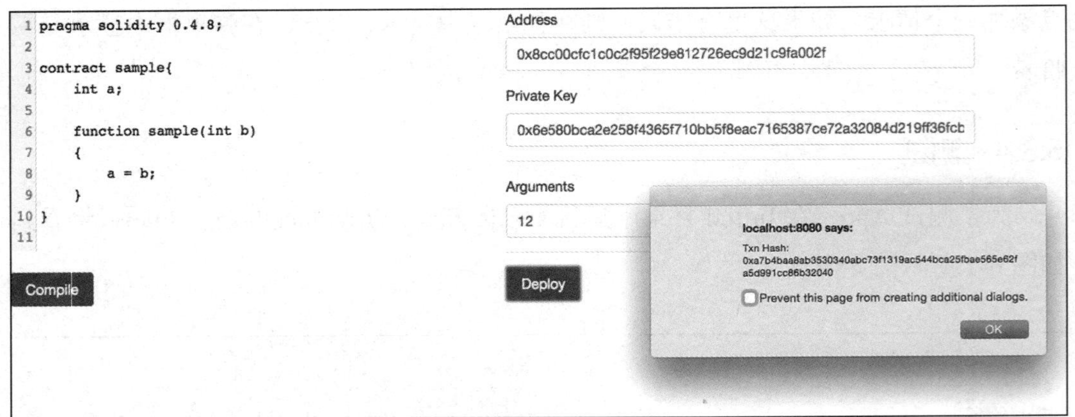

图 6-3

6.4 总结

在本章中，我们学习了使用交易池 API、正确计算 nonce、计算可用于消费的账户余额、生成交易数据、编译合约等的方法，然后建立了一个完整的合约编译和部署平台。用户可以继续改进这个应用，以部署编辑器中发现的所有合约，处理导入和添加库等。

在下一章中，我们将通过创建一个去中心化的投注应用来学习 Oraclize。

第 7 章　Chapter 7

创建投注 App

有时，智能合约需要访问来自其他 DApp 或者万维网的数据。但是技术和共识方面的挑战，使得允许智能合约访问外面的数据异常复杂。因此，目前以太坊智能合约本身不支持访问外面的数据。但是有一些第三方解决方案可以让以太坊智能合约访问来自其他 DApp 或者万维网的数据。在本章中，我们将学习如何使用 Oraclize 从以太坊智能合约发出 HTTP 请求，以访问来自万维网的数据。我们还将学习如何访问存储在 IPFS 中的文件、如何使用字符串库处理字符串等。我们将通过创建一个足球投注智能合约和一个客户端，来学习这些内容。

在本章中，我们将讲解如下内容：

- Oraclize 的工作原理。
- 什么是 Oraclize 的多种数据源，它们各自如何工作。
- 在 Oraclize 中共识的工作原理。
- 在以太坊智能合约中整合 Oraclize。
- 用 Solidity 库使处理字符串变得容易。
- 创建足球投注 App。

7.1　Oraclize 概述

Oraclize 是一种服务，旨在使智能合约可以访问来自其他区块链或者万维网的数据。该服务目前在比特币以及以太坊测试网和主网上可用。Oraclize 的特殊之处是你不需要信任它，因为它可以为所提供给智能合约的全部数据做真实性证明。

在本章中，我们将学习如何在以太坊智能合约中使用 Oraclize 服务从万维网中抓取数据。

7.1.1 Oraclize 的工作原理

下面来看以太坊智能合约使用 Oraclize 从其他区块链和万维网中抓取数据的过程。

为了抓取外部数据，以太坊智能合约需要发送一个查询给 Oraclize，指定数据源（表示从哪里抓取数据）和数据源的参数（表示抓取什么数据）。

向 Oraclize 发送一个查询，意味着发送一个合约调用（即内部交易）给以太坊区块链中出现的 Oraclize 合约。

Oraclize 服务端不断寻找新传入智能合约的查询。当它发现一个新的查询时，就抓取结果，并调用合约的 _callback 方法将结果返回。

7.1.2 数据源

Oraclize 允许智能合约抓取数据的源列表如下：

- URL。URL 数据源允许用户发送 HTTP GET 或者 POST 请求，即万维网中抓取数据。
- WolframAlpha。WolframAlpha 数据源允许用户向 WolframAlpha 知识引擎提交查询，并得到答案。
- blockchain。blockchain 数据源允许用户访问其他区块链的数据。可以提交给 blockchain 数据源的查询包括 bitcoin blockchain height、litecoinhashrate、bitcoin difficulty、1NPFRDJuEdyqEn2nmLNaWMfojNksFjbL4S balance 等。
- IPFS。IPFS 数据源允许用户抓取 IPFS 中存储的文件。
- nested。nested 数据源是一个元数据源，它不提供访问其他服务的权限。它用来提供简单相加逻辑，允许单个查询在任何可用数据源的基础上进行子查询，并产生一个单独字符串作为结果，例如：

```
[WolframAlpha] temperature in ${[IPFS]
QmP2ZkdsJG7LTw7jBbizTTgY1ZBeen64PqMgCAWz2koJBL}.
```

- computation。computation 数据源允许特定应用的可审计执行进入安全的链下状，也就是说，它允许抓取应用的链下执行结果。在退出前，该应用必须在最后一行打印查询结果（在标准输出栏）。执行环境用 Dockerfile 描述，创建和运行该文件会立即启动主应用。Dockerfile 初始化和应用执行应当尽快结束：在 AWS t2.micro 实例中最长执行时间为 5min。这里考虑 AWS t2.micro 实例，因为 Oraclize 用它执行该应用。由于数据源输入是包含此类文件的 ZIP 文档包的 IPFS 多个哈希（Dockerfile 和任何外部文件依赖，且 Dockerfile 必须位于档案的根目录里），用户应当事前小心地准备这个档案，并推送给 IPFS。

在写本书时，已经有这些数据源，但是未来还可能有更多数据源。

7.1.3 真实性证明

尽管 Oraclize 是可信服务，用户可能还想检查一下 Oraclize 返回的数据是否真实，也就是说，检查它在传输过程中是否受到 Oraclize 或者其他人的操控。

Oraclize 提供的 TLSNotary proof 的来源是可选的，包括 URL、区块链以及 nested 和 computation 数据源。该 proof 对 WolframAlpha 和 IPFS 数据源不可用。目前，Oraclize 仅支持 TLSNotary proof，但是未来可能支持一些其他验证方式。目前，TLSNotary proof 需要手动验证，但是 Oraclize 已经应用于链上 proof 验证，也就是说，智能合约代码可以自己验证 TLSNotary proof 同时从 Oraclize 接收数据，如果 proof 结果是非法的，就丢弃该数据。

这个工具（https://github.com/Oraclize/proof-verification-tool）是 Oraclize 提供的开源工具，以验证 TLSNotary proof。

> 使用 Oraclize 或者验证 proof 不需要理解 TLSNotary 的工作原理。验证 TLSNotary proof 的工具是开源的，因此，如果它包含任何恶意代码，就会很容易捕获，故可以信任这个工具。

下面概括一下 TLSNotary 的工作原理。为了理解 TLSNotary 的工作原理，首先需要理解 TLS 的工作原理。TLS 协议提供一个让客户端和服务端创建加密 session 的方式，这样其他任何人都不能读取或操纵客户端和服务端之间的传输内容。服务端首先发送证书（证书由受信任的 CA 颁发给域名所有者）给客户端。证书包含服务端公钥。使用CA的公钥解码证书，这样可以验证该证书确实是由CA颁发的，并得到服务端的公钥。然后，客户端生成一个对称密钥和一个MAC密钥，并使用服务端公钥加密它们，发送到服务端。只有拥有私钥的服务端才能够解码这条信息。现在客户端和服务端共享同样的对称密钥和MAC密钥，由于其他人都不知道密钥，他们可以开始彼此发送和接收数据。在对称密钥和MAC密钥一起被用于生成加密信息的签名的地方，对称密钥用于加密和解密数据，这样一旦攻击者修改信息，另一方就可以知道。

TLSNotary是TLS的改进，Oraclize用它提供密码学proof，以表示它们提供给智能合约的数据就是数据源在特定时间提供给Oraclize的数据。事实上，TLSNotary协议是开源技术，由PageSigner项目开发使用。

TLSNotary在三方（服务端、审计方和被审计方）之间分解对称加密密钥和MAC密钥。TLSNotary的基本思想是被审计方可以向审计方证明某一个给定结果是由服务端在某个给定时间返回的。

TLSNotary实现上述功能的过程为：审计方计算对称密钥和MAC密钥，并且只向被审计方提供对称密钥。被审计方不需要MAC密钥，因为MAC签名检测确保来自服务端的TLS数据在传输过程中不被篡改。有了对称密钥，被审计方可以解码来自服务端的数据。因为银行使用MAC密钥“签署”所有信息，而且只有服务端和审计方知道MAC密钥，因此正确的MAC签名可以被当作特定信息来自银行且未经被审计方篡改的证明。

在Oraclize服务情况下，Oraclize是被审计方，而审计方是一个特别设计的开源Amazon机器图像锁定的AWS实例。

它们提供的证明数据是一个正常TLSNotaryproof确实已发生的AWS实例的已签名证明。它们还提供一些涉及AWS实例中软件运行的其他证明，即自初始化之后它是否被修改过。

7.1.4 定价

来自任意以太坊地址的第一个Oraclize查询调用都是完全免费的。Oraclize调用在测试网中都是免费的！这只适合在测试环境进行适度使用。

从第二个调用起，要进行查询就必须支付以太币了。在发送查询到Oraclize（即进行内部交易调用）时，会扣除一定费用（从调用合约向Oraclize合约转账以太币）。

扣除的以太币数量取决于数据源和证明类型。

表 7-1 显示了发送查询时扣除的以太币数量。

表 7-1　发送查询时扣除的以太币数量

数据源	Without proof	With TLSNotary proof
URL	$0.01	$0.05
blockchain	$0.01	$0.05
WolframAlpha	$0.03	$0.03
IPFS	$0.01	$0.01

所以如果正在发出 HTTP 请求，而且想要有 TLSNotary proof，则调用合约必须有价值 $0.05 的以太币；否则，就返回异常。

7.1.5　开始使用 Oraclize API

为了让合约使用 Oraclize 服务，它需要继承 usingOraclize 合约。用户可以在 https://github.com/Oraclize/Ethereum-api 找到该合约。

usingOraclize 合约可以代替 OraclizeI 和 OraclizeAddrResolverI 合约。事实上，usingOraclize 使得 OraclizeI 和 OraclizeAddrResolverI 合约的调用变得方便，也就是说，它提供了更简单的 API。也可以直接调用 OraclizeI 和 OraclizeAddrResolverI 合约。读者可以学习这些合约的源代码以发现所有可用 API，本书中，我们只学习最必需的那些。

下面来看设定 proof 类型、设定 proof 存储位置、进行查询、获取查询费用等的方法。

1. 设置证明类型和存储位置

无论是否需要来自 TLSNotary 的 proof，必须在发出查询之前指定 proof 类型和 proof 存储位置。

如果不需要 proof，就把下面的代码放入合约：

```
oraclize_setProof(proofType_NONE)
```

如果需要 proof，就把下面的代码放入合约：

```
oraclize_setProof(proofType_TLSNotary | proofStorage_IPFS)
```

目前，proofStorage_IPFS 是唯一可用的 proof 存储位置，也就是说，TLSNotary

proof 只存储在 IPFS 中。

每次只能执行这些方法中的任意一个，例如在 constructor 中或者在其他任何时间（比如只需要某些特定查询的 proof）。

2. 发送查询

为了向 Oraclize 发送一个查询，需要调用 oraclize_query 函数。这个函数至少需要两个实参，即数据源和给定数据源的输入值。数据源实参不区分大小写。

oraclize_query 函数的一些基础示例如下：

```
oraclize_query("WolframAlpha", "random number between 0 and 100");

oraclize_query("URL",
"https://api.kraken.com/0/public/Ticker?pair=ETHXBT");

oraclize_query("IPFS", "QmdEJwJG1T9rzHvBD8i69HHuJaRgXRKEQCP7Bh1BVttZbU");

oraclize_query("URL", "https://xyz.io/makePayment", '{"currency": "USD",
"amount": "1"}');
```

上述代码的执行过程如下：

- 如果第一个实参是字符串，就假定它是数据源，第二个实参就假定为数据源的输入条件。在第一个调用中，数据源是 WolframAlpha，我们向它发送的查询是 0 和 100 之间的随机数。
- 在第二个调用中，向第二个实参中所示的 URL 发出 HTTP GET 请求。
- 在第三个调用中，从 IPFS 获取 QmdEJwJG1T9rzHvBD8i69HHuJaRgXRKEQCP7Bh1BVttZbU 文件的内容。
- 如果数据源之后的两个连续实参是字符串，就假定它是 POST 请求。在最后一个调用中，发出 HTTP POST 请求到 https://xyz.io/makePayment 进行支付。POST 请求内容是第三个实参中的字符串。Oraclize 十分智能，能够检测基于字符串格式的 content-type 标头。

3. 预约查询

如果想让 Oraclize 在未来某一预订时间执行查询，就指定从当前时间算起的延迟（以秒计算）作为第一个实参。示例如下：

```
oraclize_query(60, "WolframAlpha", "random number between 0 and 100");
```

Oraclize 将在看到上述查询 60s 之后进行查询。所以，如果第一个实参是数字，就假定我们在预约查询。

4. 自定义 gas

就像其他任何交易一样，从 Oraclize 到 _callback 函数的交易要花费 gas，即需要向 Oraclize 支付 gas 费用。Oraclize_query 进行查询收取的以太币还用于在调用 _callback 函数时提供 gas。调用 _callback 函数时，Oraclize 默认提供 200 000 个 gas。

这个返回的 gas 费用实际上受用户控制，因为用户编写的 _callback 等方法中的代码可以预估费用。所以当用 Oraclize 进行查询时，还可以在 _callback 交易上指定 gasLimit 应当是多少。但需要注意的是，因为是由 Oraclize 发送交易，所以没有花费的 gas 将被返还给 Oraclize，而非用户。

如果 200 000 gas（默认值，也是最小值）不够，可以指定一个更大的 gasLimit，代码如下：

```
oraclize_query("WolframAlpha", "random number between 0 and 100", 500000);
```

可以看到，如果最后一个实参是数字，就假定它是自定义的 gas。在程序代码中，Oraclize 将对回调函数交易使用一个 500 000 的 gas 上限，而非 200 000。因为我们让 Oraclize 提供 gas，所以 Oraclize 在调用 oraclize_query 时将扣除更多以太币（根据需要多少 gas）。

注意：如果给出的 gasLimit 过小，且 _callback 方法很长，那么可能永远看不到回调函数。还应注意，自定义的 gas 一定要大于 200 000。

5. 回调函数（callback function）

一旦结果准备好了，Oraclize 将把交易发送回合约地址，并调用如下三个方法中的一个：

- 对于每个查询来说，_callback（bytes32 myid, string result）“.”Myid 都是一个独特的 ID。这个 ID 由 oraclize_query 方法返回。如果合约里有多个 oraclize_query 调用，则将这用于匹配该结果的查询。
- 如果需要 TLSNortary 的 proof，则结果为 _callback（bytes32 myid, string result, bytes proof）。
- 如果没有其他方法，回退函数是 function()。

下面是 _callback 函数的一个例子：

```
function __callback(bytes32 myid, string result) {
    if (msg.sender != oraclize_cbAddress()) throw; // just to be sure the
calling address is the Oraclize authorized one

    //now doing something with the result..
}
```

6. 解析助手

HTTP 请求返回的结果可以是 HTML、JSON、XML 或二进制等格式。在 Solidity 中，解析结果是很困难的，且代价很高。Oraclize 提供了解析助手，在服务端上处理解析，最终得到的结果就是用户需要的那部分。

为了让 Oraclize 解析结果，用户需要把 URL 和下面某一个解析助手（Parsing helpers）“打包”：

- xml（..）和 json（..）助手让 Oraclize 只返回部分 JSON 或者用 XML 解析的返回值，例如：
  - 为了得到全部返回值，使用带有 api.kraken.com/0/public/Ticker?pair=ETHUSD URL 实参的 URL 数据源。
  - 如果只想要最终价字段，需要使用 JSON 解析调用 json（api.kraken.com/0/public/Ticker?pair=ETHUSD）.result.XETHZUSD.c.0。
- html（..）.xpath（..）助手用于 HTML scraping，仅需指定想用作 xpath（..）实参的 XPATH，例如：
  - 为了抓取一个特定 tweet 的文本，使用 html（https://twitter.com/oraclizeit/status/671316655893561344）.xpath（//*[contains（@class, 'tweettext'）]/text()）。
- binary（..）助手用于获得诸如证书文件的二进制文件，例如证书文件：
  - 为了抓取二进制文件的一部分，可以使用 slice（offset，length）。其中第一个参数是位移，第二个参数是所需的 slice 长度（二者都用字节表示）。
  - 示例：从一个二进制 CRL 中只抓取开头 300 个字节，用 binary（https://www.sk.ee/crls/esteid/esteid2015.crl）.slice（0,300）。二进制助手必须和 slice 选项同时使用，且只接受二进制文件（不接受编译文件）。

> 如果服务端不响应或连接不上，用户将收到一个空回应。可以在 http://app.Oraclize.it/home/test_query 测试查询。

7. 获取查询价格

如果在实际查询之前想知道查询需要多少费用，可以使用 Oraclize.getPrice() 函数获取所需的 wei 的数量。第一个实参是数据源，第二个实参是可选项，即自定义 gas。

一个常见的使用示例是，当以太币余额不足以进行查询时，通知客户端向合约添加以太币。

7.1.6　加密查询

有时，用户可能不想暴露数据源和 / 或数据源的输入。例如，可能不想暴露 URL 中的 API（如果有）。Oraclize 提供了一种在智能合约中存储加密查询的方式，只有 Oraclize 的服务端才能解码。

Oraclize 提供一个 Python 工具（https://github.com/Oraclize/encrypted-queries），可以用于加密数据源和 / 或数据源的输入。它生成一个非确定性的加密字符串。

用于加密任意文本字符串的 CLI 命令如下：

```
    python encrypted_queries_tools.py -e -p
044992e9473b7d90ca54d2886c7addd14a61109af202f1c95e218b0c99eb060c7134c4ae463
45d0383ac996185762f04997d6fd6c393c86e4325c469741e64eca9 "YOUR DATASOURCE or
INPUT"
```

其中长长的十六进制字符串是 Oraclize 服务端的公钥。现在用户可以使用前面命令的输出代替数据源和 / 或数据源的输入。

> 为了防止误用加密的查询（即重播攻击），第一个用一个特定加密查询 Oraclize 的合约成为合法的所有者。任何重复使用完全相同的字符串的合约将不被允许使用它，并且将接收一个空的结果。因此，切记在使用加密查询重新部署合约时，总是要生成新的加密字符串。

解码数据源

还有一个称为 decrypt 的数据源，它用于解码加密的字符串。但是这个数据源不返回任何结果，否则任何人就都有能力解码数据源和数据源的输入了。

它是专门应用于嵌套数据源的，用于对部分查询进行加密。这是它唯一的使用例子。

7.1.7 Oraclize Web IDE

Oraclize 提供了一个 Web IDE，使用它就可以编写、编译和测试以 Oraclize 为基础的应用（参见 http://DApp.Oraclize.it/browser-Solidity/）。

如果访问该链接，将注意到它和 Browser Solidity 看起来一模一样，它实际上就是 Browser Solidity 添加的一个额外功能。为了理解这个功能是什么，我们需要更深入地理解 Browser Solidity。

Browser Solidity 不仅允许用户为合约编写、编译和生成 web3.js 代码，还允许测试合约。到目前为止，为了测试合约，我们设置一个以太坊节点并向它发送交易。但是 Browser Solidity 可以不用连接至任何节点就执行合约，所有操作都在内存中进行。之所以能够这样，是因为使用了 ethereumjs-vm（EVM 的一种 JavaScript 实现）。用户可以使用 ethereumjs-vm 创建自己的 EVM 和运行字节码，也可以通过提供目标 URL 来配置 Browser Solidity，以使用以太坊节点。UI 的信息量很大，用户可以自己尝试一遍。

Oraclize Web IDE 的特殊之处在于，它在 in-memory 执行环境下部署 Oraclize 合约，这样就不需要连接到测试网或者主网节点，但是使用 Browser Solidity 时必须连接到测试网或者主网节点，以测试 Oraclize API。

如需更多关于 Oraclize 的资源，请访问 https://dev.Oraclize.it/。

7.2 处理字符串

在 Solidity 中，处理字符串不像在其他高级编程语言（例如 JavaScript、Python 等）中那么简单。因此，许多 Solidity 开发人员使用多种库和合约，以简化字符串的处理。

strings 库是最常见的字符串库。它通过把字符串转换为 slice（切片），来进行添加、连接、分割、比较等操作。slice 是一个包含字符串长度和字符串地址的数据类型。由于一个 slice 只需要指定 offset（位移）和 length（长度），因此复制和操作 slices 比复制和操作它们所引用的字符串要高效得多。

为了进一步降低 gas 成本，slice 上的大部分函数在需要返回 slice 时通常会修改原 slice，而非分配一个新的 slice，例如，s.split（"."）要返回第一个 "." 之前的文本，将修改 s 以包含 "." 之后的字符串部分。假设不想修改原 slice，就可以使用 .copy() 进行备份，例如 s.copy().split（"."）。注意避免循环使用 copy，因为 Solidity 没有内存管理，copy 将导致分配很多临时的、之后被舍弃的 slices。

复制字符串数据的函数将返回字符串，而不是 slices；如果需要，这些字符串可以返回到 slices 用于后续处理。

下面来看几个使用 strings 库处理字符串的示例：

```
pragma Solidity ^0.4.0;

import "github.com/Arachnid/Solidity-stringutils/strings.sol";

contract Contract
{
    using strings for *;

    function Contract()
    {
        //convert string to slice
        var slice = "xyz abc".toSlice();

        //length of string
        var length = slice.len();

        //split a string
        //subslice = xyz
        //slice = abc
        var subslice = slice.split(" ".toSlice());

        //split a string into an array
        var s = "www.google.com".toSlice();
        var delim = ".".toSlice();
        var parts = new string[](s.count(delim));
        for(uint i = 0; i < parts.length; i++) {
            parts[i] = s.split(delim).toString();
        }

        //Converting a slice back to a string
        var myString = slice.toString();

        //Concatenating strings
        var finalSlice = subslice.concat(slice);

        //check if two strings are equal
        if(slice.equals(subslice))
        {

        }
    }
}
```

该程序代码无须解释。

返回两个 slices 的函数共有两个版本：nonallocating 版本（用第二个 slice 作实参，在适当位置进行修改）和 allocating 版本（分配并返回第二个 slice），示例如下：

```
var slice1 = "abc".toSlice();

//moves the string pointer of slice1 to point to the next rune (letter)
//and returns a slice containing only the first rune
var slice2 = slice1.nextRune();

var slice3 = "abc".toSlice();
var slice4 = "".toSlice();

//Extracts the first rune from slice3 into slice4, advancing the slice to
point to the next rune and returns slice4.
var slice5 = slice3.nextRune(slice4);
```

要更深入地学习字符串库，可以访问 https://github.com/Arachnid/Solidity-stringutils。

7.3 创建投注合约

在投注应用中，两个人可以就一场足球比赛押注，一个支持主队，另一个支持客队。他们押注同样多的钱，赢家拿走所有钱。如果比赛结果是平局，则各自拿回自己的钱。

我们将使用 FastestLiveScores API 读取比赛结果。它提供一个免费接口，允许每小时免费进行 100 个请求。首先，创建一个账户，然后生成一个 API key。为了创建一个账户，访问 https://customer.fastestlivescores.com/register，一旦建立了账户，API key 就在 https:// customer.fastestlivescores.com / 可视。可以在 https://docs.crowdscores.com/ 找到 API 文档。

在应用中，两个人只要打一次赌，就部署一个投注合约。该合约将包含从 FastestLiveScores API 检索的比赛 ID，每一方需要投入的 wei 和双方地址。双方对合约投注后，将会看到比赛结果。在比赛结束之前，他们将每隔 24 小时查看一次结果。

合约代码如下：

```
pragma Solidity ^0.4.0;

import "github.com/Oraclize/Ethereum-api/oraclizeAPI.sol";
```

```
import "github.com/Arachnid/Solidity-stringutils/strings.sol";

contract Betting is usingOraclize
{
    using strings for *;

    string public matchId;
    uint public amount;
    string public url;

    address public homeBet;
    address public awayBet;

    function Betting(string _matchId, uint _amount, string _url)
    {
        matchId = _matchId;
        amount = _amount;
        url = _url;

        oraclize_setProof(proofType_TLSNotary | proofStorage_IPFS);
}

//1 indicates home team
//2 indicates away team
function betOnTeam(uint team) payable
{

    if(team == 1)
    {
        if(homeBet == 0)
        {
            if(msg.value == amount)
            {
                homeBet = msg.sender;
                if(homeBet != 0 && awayBet != 0)
                {
                    oraclize_query("URL", url);
                }
            }
            else
            {
                throw;
            }
        }
        else
        {
            throw;
        }
    }
    else if(team == 2)
    {
        if(awayBet == 0)
        {
            if(msg.value == amount)
```

```
            {
                awayBet = msg.sender;

                if(homeBet != 0 && awayBet != 0)
                {
                    oraclize_query("URL", url);
                }
            }
            else
            {
                throw;
            }
        }
        else
            {
                throw;
            }
        }
        else
        {
            throw;
        }
    }

    function __callback(bytes32 myid, string result, bytes proof) {
        if (msg.sender != oraclize_cbAddress())
        {
            throw;
        }
        else
        {
            if(result.toSlice().equals("home".toSlice()))
            {
                homeBet.send(this.balance);
            }
            else if(result.toSlice().equals("away".toSlice()))
            {
                awayBet.send(this.balance);
            }
            else if(result.toSlice().equals("draw".toSlice()))
            {
                homeBet.send(this.balance / 2);
                awayBet.send(this.balance / 2);
            }
            else
            {
                if (Oraclize.getPrice("URL") < this.balance)
                {
                    oraclize_query(86400, "URL", url);
                }
            }
        }
    }
}
```

该合约代码无须解释说明。现在使用 solc.js 或者 Browser Solidity 编译程序代码。不需要接入 strings 库，因为其中所有函数的可视性都被设为 internal。

在 Browser Solidity 中，当指定从 HTTP URL 中导入一个库或者合约时，应确保它被托管在 GitHub 上，否则就不能抓取。在 GitHub 文件 URL 中，应确保已删除了协议和 blob/{branch-name}。

7.4 为投注合约创建客户端

为了方便发现比赛 ID 以及部署和投资合约，需要创建一个 UI 客户端。先来创建一个客户端，它有两个路径，即 home 路径（用于部署合约和投注比赛）和 other 路径（用于发现比赛列表）。我们将允许用户使用离线账户进行部署和押注，这样投注的整个过程就是去中心化的，无法作弊。

在开始创建客户端之前，确保同步测试网，因为 Oraclize 只在以太坊的测试网 / 主网上工作，不在私有网络上工作。可以跳转到测试网，下载测试网区块链，用 --testnet 选项替换 --dev 选项，例如：

```
geth --testnet --rpc --rpccorsdomain "*" --rpcaddr "0.0.0.0" --rpcport
"8545"
```

7.4.1 项目结构

在本章的练习文件中，用户将发现 Final 和 Initial 两个目录。Final 包含项目的最终源代码，而 Initial 包含可用于迅速创建应用的空的源代码文件和库。

为了测试 Final 目录，需要在其中运行 npm install。然后，使用 Final 目录中的 node app.js 命令运行该应用。

在 Initial 目录中，用户将发现一个 public 目录和两个文件（app.js 和 package.json）。package.json 包含应用后端的相关内容，把应用后端的源代码放在 app.js 里。

public 目录包含与前端相关的文件。在 public/css 中会发现 bootstrap.min.css，它是 Bootstrap 库；在 public/html 中会发现 index.html，把应用的 HTML 代码放在这里；在 public/js 目录中会发现 web3.js 和 ethereumjs-tx 的 .js 文件；在 public/js 中还会发现一个 main.js 文件，把应用的前端 JS 代码放在这里。用户还将发现用于加密查询的 Oraclize Python 工具。

7.4.2 创建后端

先来创建 App 后端。首先在 Initial 目录中运行 npm install, 安装后端所需的相关内容。

如下后端代码用于运行快捷服务并用于 index.html 文件和静态文件，并设置试图引擎（view engine）：

```
var express = require("express");
var app = express();

app.set("view engine", "ejs");

app.use(express.static("public"));

app.listen(8080);

app.get("/", function(req, res) {
    res.sendFile(__dirname + "/public/html/index.html");
})
```

上述程序代码无须解释说明。应用将出现一个新的页面，显示最近比赛的列表，包括比赛 ID 和结果（如果比赛结束了）。相关代码如下：

```
var request = require("request");
var moment = require("moment");

app.get("/matches", function(req, res) {
request("https://api.crowdscores.com/v1/matches?api_key=7b7a988932de4eaab4e
d1b4dcdc1a82a", function(error, response, body) {
        if (!error && response.statusCode == 200) {
            body = JSON.parse(body);

            for (var i = 0; i < body.length; i++) {
             body[i].start = moment.unix(body[i].start /
               1000).format("YYYY MMM DD hh:mm:ss");
            }
            res.render(__dirname + "/public/html/matches.ejs", {
                matches: body
            });
        } else {
            res.send("An error occured");
        }
    })
})
```

这里发出 API 请求以抓取最近比赛的列表，然后把结果传送给 matches.ejs 文件，这样它可以在用户友好的 UI 中展示结果。API 结果将比赛开始时间作为时间戳，因此需要时间把它转换为人类可以阅读的格式。我们从后端（而不是前端）发出这个请求，这样不会把 API key 暴露给用户。

后端将给前端提供一个 API，以供前端在部署合约之前加密查询。应用不会提示用户创建 API key，因为这是一个不好的 UX 实践。应用开发者控制 API key 不会造成危害，因为开发者不能修改来自 API 服务端的结果，因此，即使应用开发者知道了 API key，用户仍将信任该 App。

加密的相关代码如下：

```
var PythonShell = require("python-shell");

app.get("/getURL", function(req, res) {
    var matchId = req.query.matchId;

    var options = {
        args: ["-e", "-p",
"044992e9473b7d90ca54d2886c7addd14a61109af202f1c95e218b0c99eb060c7134c4ae46
345d0383ac996185762f04997d6fd6c393c86e4325c469741e64eca9",
"json(https://api.crowdscores.com/v1/matches/" + matchId +
"?api_key=7b7a988932de4eaab4ed1b4dcdc1a82a).outcome.winner"],
        scriptPath: __dirname
    };

    PythonShell.run("encrypted_queries_tools.py", options, function
      (err, results) {
        if(err)
        {
            res.send("An error occured");
        }
        else
        {
            res.send(results[0]);
        }
    });
})
```

我们学习了如何使用这个工具。为了成功运行，应先在系统中安装 Python。即使已经安装了 Python，也可能会显示错误，表示没有安装 Python 的 cryptography 和 base58 模块。所以如果工具有提示，就要确保安装这些模块。

7.4.3　创建前端

现在开始创建 App 前端。前端将允许用户看到近期比赛的列表、部署投注合约以及押注一场比赛，并让他们看到关于投注合约的信息。

首先实现 matches.ejs 文件，它将显示近期比赛的列表。相关代码如下：

```
<!DOCTYPE html>
<html lang="en">
    <head>
        <meta charset="utf-8">
        <meta name="viewport" content="width=device-width, initial-
scale=1, shrink-to-fit=no">
        <meta http-equiv="x-ua-compatible" content="ie=edge">
        <link rel="stylesheet" href="/css/bootstrap.min.css">
    </head>
    <body>
        <div class="container">
            <br>
            <div class="row m-t-1">
                <div class="col-md-12">
                    <a href="/">Home</a>
                </div>
            </div>
            <br>
            <div class="row">
                <div class="col-md-12">
                    <table class="table table-inverse">
                        <thead>
                          <tr>
                              <th>Match ID</th>
                              <th>Start Time</th>
                              <th>Home Team</th>
                              <th>Away Team</th>
                              <th>Winner</th>
                          </tr>
                        </thead>
                        <tbody>
                            <% for(var i=0; i < matches.length; i++) {
%>
                                <tr>
                                    <td><%= matches[i].dbid %></td>
                                    <% if (matches[i].start) { %>
                                     <td><%= matches[i].start %></td>
                                  <% } else { %>
                                      <td>Time not finalized</td>
                                  <% } %>
                                    <td><%= matches[i].homeTeam.name
%></td>
                                    <td><%= matches[i].awayTeam.name
%></td>
                                    <% if (matches[i].outcome) { %>
                                     <td><%= matches[i].outcome.winner
%></td>
                                  <% } else { %>
                                      <td>Match not finished</td>
                                  <% } %>
                              </tr>
                          <% } %>
                        </tbody>
```

```
                    </table>
                </div>
            </div>
        </div>
    </body>
</html>
```

上述程序代码无须解释说明。现在开始编写主页的 HTML 代码。主页将显示三张表：第一张表部署投注合约，第二张表对投注合约投资，第三张表显示已投注合约的信息。

主页的 HTML 代码如下。把这段代码放入 index.html 页面：

```
<!DOCTYPE html>
 <html lang="en">
     <head>
         <meta charset="utf-8">
         <meta name="viewport" content="width=device-width, initial-
scale=1, shrink-to-fit=no">
         <meta http-equiv="x-ua-compatible" content="ie=edge">
         <link rel="stylesheet" href="/css/bootstrap.min.css">
     </head>
     <body>
         <div class="container">
             <br>
             <div class="row m-t-1">
                 <div class="col-md-12">
                     <a href="/matches">Matches</a>
                 </div>
             </div>
             <br>
             <div class="row">
                 <div class="col-md-4">
                     <h3>Deploy betting contract</h3>
                     <form id="deploy">
                         <div class="form-group">
                             <label>From address: </label>
                             <input type="text" class="form-control"
id="fromAddress">
                         </div>
                         <div class="form-group">
                             <label>Private Key: </label>
                             <input type="text" class="form-control"
id="privateKey">
                         </div>
                         <div class="form-group">
                             <label>Match ID: </label>
                             <input type="text" class="form-control"
id="matchId">
                         </div>
                         <div class="form-group">
```

```
                    <label>Bet Amount (in ether): </label>
                    <input type="text" class="form-control"
id="betAmount">
                </div>
                <p id="message" style="word-wrap: break-word"></p>
                <input type="submit" value="Deploy" class="btn
btn-primary" />
            </form>
        </div>
        <div class="col-md-4">
            <h3>Bet on a contract</h3>
            <form id="bet">
                <div class="form-group">
                    <label>From address: </label>
                    <input type="text" class="form-control"
id="fromAddress">
                </div>
                <div class="form-group">
                    <label>Private Key: </label>
                    <input type="text" class="form-control"
id="privateKey">
                </div>
                <div class="form-group">
                    <label>Contract Address: </label>
                    <input type="text" class="form-control"
id="contractAddress">
                </div>
                <div class="form-group">
                    <label>Team: </label>
                    <select class="form-control" id="team">
                        <option>Home</option>
                        <option>Away</option>
                    </select>
                </div>
                <p id="message" style="word-wrap: break-word"></p>
                <input type="submit" value="Bet" class="btn btn-
primary" />
            </form>
        </div>
        <div class="col-md-4">
            <h3>Display betting contract</h3>
            <form id="find">
                <div class="form-group">
                    <label>Contract Address: </label>
                    <input type="text" class="form-control"
d="contractAddress">
                </div>
                <p id="message"></p>
                <input type="submit" value="Find" class="btn btn-
primary" />
            </form>
        </div>
```

```
            </div>
        </div>

        <script type="text/javascript" src="/js/web3.min.js"></script>
        <script type="text/javascript" src="/js/ethereumjs-
tx.js"></script>
        <script type="text/javascript" src="/js/main.js"></script>
    </body>
</html>
```

上述程序代码无须解释说明。现在开始编写 JavaScript 代码，以真正地部署合约、投资合约和显示合约信息。全部相关代码如下。将这段代码放入 main.js 文件：

```
var bettingContractByteCode = "6060604...";
var bettingContractABI =
[{"constant":false,"inputs":[{"name":"team","type":"uint256"}],"name":"betO
nTeam","outputs":[],"payable":true,"type":"function"},{"constant":false,"in
puts":[{"name":"myid","type":"bytes32"},{"name":"result","type":"string"}],
"name":"__callback","outputs":[],"payable":false,"type":"function"},{"const
ant":false,"inputs":[{"name":"myid","type":"bytes32"},{"name":"result","typ
e":"string"},{"name":"proof","type":"bytes"}],"name":"__callback","outputs"
:[],"payable":false,"type":"function"},{"constant":true,"inputs":[],"name":
"url","outputs":[{"name":"","type":"string"}],"payable":false,"type":"funct
ion"},{"constant":true,"inputs":[],"name":"matchId","outputs":[{"name":"","
type":"string"}],"payable":false,"type":"function"},{"constant":true,"input
s":[],"name":"amount","outputs":[{"name":"","type":"uint256"}],"payable":fa
lse,"type":"function"},{"constant":true,"inputs":[],"name":"homeBet","outpu
ts":[{"name":"","type":"address"}],"payable":false,"type":"function"},{"con
stant":true,"inputs":[],"name":"awayBet","outputs":[{"name":"","type":"addr
ess"}],"payable":false,"type":"function"},{"inputs":[{"name":"_matchId","ty
pe":"string"},{"name":"_amount","type":"uint256"},{"name":"_url","type":"st
ring"}],"payable":false,"type":"constructor"}];

var web3 = new Web3(new
Web3.providers.HttpProvider("http://localhost:8545"));

function getAJAXObject()
{
   var request;
   if (window.XMLHttpRequest) {
       request = new XMLHttpRequest();
   } else if (window.ActiveXObject) {
       try {
           request = new ActiveXObject("Msxml2.XMLHTTP");
       } catch (e) {
           try {
               request = new ActiveXObject("Microsoft.XMLHTTP");
           } catch (e) {}
       }
   }
```

```
    return request;
}

document.getElementById("deploy").addEventListener("submit", function(e){
    e.preventDefault();
var fromAddress = document.querySelector("#deploy #fromAddress").value;
var privateKey = document.querySelector("#deploy #privateKey").value;
var matchId = document.querySelector("#deploy #matchId").value;
var betAmount = document.querySelector("#deploy #betAmount").value;

var url = "/getURL?matchId=" + matchId;

var request = getAJAXObject();

request.open("GET", url);

request.onreadystatechange = function() {
    if (request.readyState == 4) {
        if (request.status == 200) {
            if(request.responseText != "An error occured")
            {
        var queryURL = request.responseText;

        var contract = web3.eth.contract(bettingContractABI);
        var data = contract.new.getData(matchId,
          web3.toWei(betAmount, "ether"), queryURL, {
            data: bettingContractByteCode
             });

        var gasRequired = web3.eth.estimateGas({ data: "0x" + data
          });

   web3.eth.getTransactionCount(fromAddress, function(error, nonce){

    var rawTx = {
         gasPrice: web3.toHex(web3.eth.gasPrice),
          gasLimit: web3.toHex(gasRequired),
           from: fromAddress,
            nonce: web3.toHex(nonce),
             data: "0x" + data,
              };

   privateKey = EthJS.Util.toBuffer(privateKey, "hex");

    var tx = new EthJS.Tx(rawTx);
    tx.sign(privateKey);

   web3.eth.sendRawTransaction("0x" +
    tx.serialize().toString("hex"), function(err, hash) {
         if(!err)
             {document.querySelector("#deploy #message").
                innerHTML = "Transaction Hash: " + hash + ".
                  Transaction is mining...";
```

```
            var timer = window.setInterval(function(){
            web3.eth.getTransactionReceipt(hash, function(err, result){
            if(result)
             {window.clearInterval(timer);
        document.querySelector("#deploy #message").innerHTML =
          "Transaction Hash: " + hash + " and contract address is: " +
             result.contractAddress;}
               })
                }, 10000)
                 }
             else
           {document.querySelector("#deploy #message").innerHTML = err;
             }
           });
          })

          }
           }
        }
    };

    request.send(null);

}, false)

document.getElementById("bet").addEventListener("submit", function(e){
    e.preventDefault();

    var fromAddress = document.querySelector("#bet #fromAddress").value;
    var privateKey = document.querySelector("#bet #privateKey").value;
    var contractAddress = document.querySelector("#bet
#contractAddress").value;
    var team = document.querySelector("#bet #team").value;

    if(team == "Home")
    {
          team = 1;
    }
    else
    {
          team = 2;
    }

    var contract =
web3.eth.contract(bettingContractABI).at(contractAddress);
    var amount = contract.amount();

    var data = contract.betOnTeam.getData(team);
   var gasRequired = contract.betOnTeam.estimateGas(team, {
         from: fromAddress,
         value: amount,
         to: contractAddress
   })
```

```
web3.eth.getTransactionCount(fromAddress, function(error, nonce){

        var rawTx = {
          gasPrice: web3.toHex(web3.eth.gasPrice),
          gasLimit: web3.toHex(gasRequired),
          from: fromAddress,
          nonce: web3.toHex(nonce),
          data: data,
          to: contractAddress,
          value: web3.toHex(amount)
      };

      privateKey = EthJS.Util.toBuffer(privateKey, "hex");

      var tx = new EthJS.Tx(rawTx);
        tx.sign(privateKey);

        web3.eth.sendRawTransaction("0x" + tx.serialize().toString("hex"),
function(err, hash) {
              if(!err)
              {
    document.querySelector("#bet #message").innerHTML = "Transaction
      Hash: " + hash;
        }
      else
       {
       document.querySelector("#bet #message").innerHTML = err;
      }
     })
   })
    }, false)

document.getElementById("find").addEventListener("submit", function(e){
   e.preventDefault();

   var contractAddress = document.querySelector("#find
     #contractAddress").value;
   var contract =
      web3.eth.contract(bettingContractABI).at(contractAddress);

   var matchId = contract.matchId();
   var amount = contract.amount();
   var homeAddress = contract.homeBet();
   var awayAddress = contract.awayBet();

   document.querySelector("#find #message").innerHTML = "Contract balance
is: " + web3.fromWei(web3.eth.getBalance(contractAddress), "ether") + ",
Match ID is: " + matchId + ", bet amount is: " + web3.fromWei(amount,
"ether") + " ETH, " + homeAddress + " has placed bet on home team and " +
awayAddress + " has placed bet on away team";
}, false)
```

上述代码的执行过程如下：

1）分别在投注合约 ByteCode 和投注合约 ABI 变量中存储合约、字节码和 ABI。

2）创建一个 Web3 实例，它连接到测试网节点。

3）定义 getAJAXobject 函数（一个跨浏览器兼容的函数），它返回一个 AJAX 对象。

4）向第一张表添加 submit 事件监听器（event listener），用于部署合约。在事件监听器的回调函数中，通过传送 matchId 向 getURL 终点发出请求，获得加密的查询字符串。然后生成数据部署合约。接着找出 gasRequired。使用函数对象的 estimateGas 方法计算所需的 gas，也可以使用 web3.eth.estimateGas 方法（它们的实参不同），即在前面的方法里不需要传送交易数据。记住，如果函数调用引发异常，estimateGas 将返回区块 gas 上限。随后计算随机数。这里使用 getTransactionCount 方法，而非我们之前学习的实际过程。这样做是为了简化代码。最后创建原始交易，签名并广播。一旦挖出交易，就显示合约地址。

5）接下来向第二张表添加 submit 事件监听器，用于投注合约。这里生成交易的数据部分，计算所需的 gas，创建原始交易，签名并广播。在计算交易所需的 gas 时，从账户地址和 value 对象属性传送合约地址，因为它是函数调用，而且 gas 随着 value、from 地址和合约地址的变化而变化。记住，在计算合约函数调用所需的 gas 时，可以传送 to、from 和 value 属性，因为 gas 取决于这些数值。

6）最后让第三张表上有 submit 事件监听器，即显示已投注合约的信息。

7.4.4 测试客户端

至此，创建投注平台的操作就完成了，下面开始进行测试。测试之前，应确保测试网区块链已经被完全下载，并在寻找新进入的区块。

使用之前创建的钱包服务，生成三个账户。用 http://faucet.ropsten.be：3001/ 在每个账户中添加一个以太币。

然后在 Initial 目录中运行 node app.js，接着访问 http://localhost：8080/matches，即可看到图 7-1 所示的界面。

这里可以复制任何比赛 ID。如果想测试第一场比赛（即 123945），那么访问 http://localhost：8080，将会看到图 7-2 所示的界面。

Home

Match ID	Start Time	Home Team	Away Team	Winner
123945	2017 Feb 27 04:30:00	Lokomotiv Tashkent	Al Ahli (UAE)	home
123063	2017 Feb 27 05:00:00	Home United	Courts Young Lions	home
123061	2017 Feb 27 05:00:00	Hougang United	Geylang International	home
90293	2017 Feb 27 08:30:00	Mersin İdmanyurdu	Denizlispor	draw
126758	2017 Feb 27 08:30:00	Ashanti Gold	Asante Kotoko	away
123641	2017 Feb 27 08:40:00	Al Fateh	Lekhwiya	draw
124173	2017 Feb 27 09:00:00	Al Jazira	Esteghlal Khuzestan	away
123667	2017 Feb 27 09:00:00	Esteghlal	Al Taawoun	home
126759	2017 Feb 27 09:30:00	Lyngby	Esbjerg	draw
86683	2017 Feb 27 10:30:00	Galatasaray	Beşiktaş	away
68211	2017 Feb 27 10:30:00	Ruch Chorzów	Śląsk Wrocław	home
68346	2017 Feb 27 11:30:00	Viborg	AGF Aarhus	draw
119466	2017 Feb 27 11:30:00	Melgar	USMP	home
76297	2017 Feb 28 12:45:00	St Pauli	Karlsruher	home
96417	2017 Feb 28 01:00:00	Bari	Brescia	home
91822	2017 Feb 28 01:15:00	Fiorentina	Torino	draw
67919	2017 Feb 28 01:15:00	Stade de Reims	Brest	draw
69287	2017 Feb 28 01:30:00	Leicester City	Liverpool	home
85271	2017 Feb 28 01:30:00	Arouca	Belenenses	away
119697	2017 Feb 28 02:00:00	Deportivo Lara	Portuguesa (VEN)	home
114730	2017 Feb 28 03:30:00	Deportes Valdivia	San Marcos de Arica	draw
119692	2017 Feb 28 04:30:00	Zamora	Estudiantes de Mérida	home
120929	2017 Feb 28 05:00:00	Curicó Unido	Deportivo Ñublense	draw
119470	2017 Feb 28 05:30:00	Cantolao	Alianza Atlético	away
119076	2017 Feb 28 06:15:00	Deportes Quindío	Unión Magdalena	home

图 7-1

Matches

Deploy betting contract
From address:
Private Key:
Match ID:
Bet Amount (in ether):
Deploy

Bet on a contract
From address:
Private Key:
Contract Address:
Team:
Home
Bet

Display betting contract
Contract Address:
Find

图 7-2

现在部署合约，填好第一个表的输入栏，单击 Deploy 按钮，如图 7-3 所示。使用第一个账户部署合约。

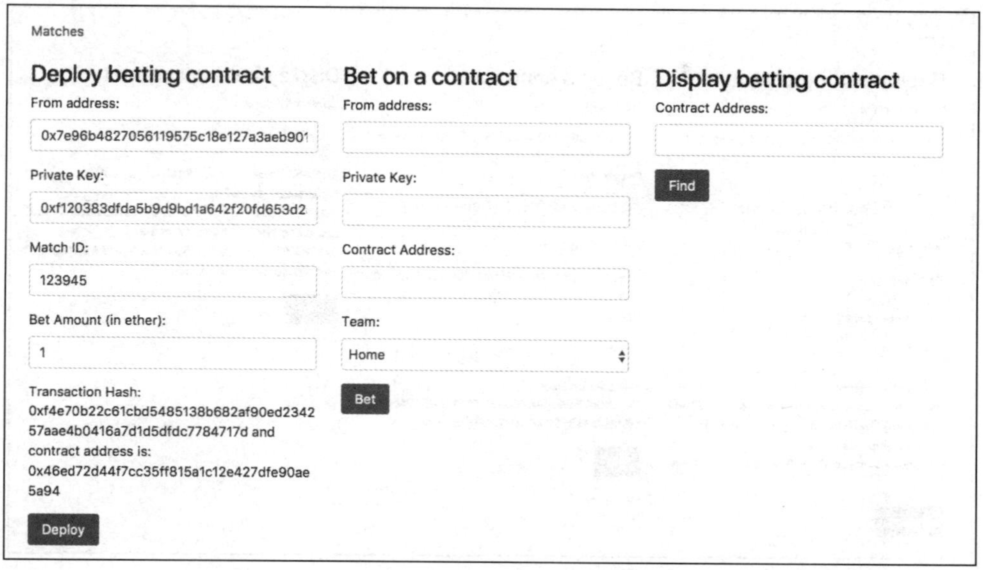

Matches

Deploy betting contract
From address:
0x7e96b4827056119575c18e127a3aeb901
Private Key:
0xf120383dfda5b9d9bd1a642f20fd653d2
Match ID:
123945
Bet Amount (in ether):
1
Transaction Hash: 0xf4e70b22c61cbd5485138b682af90ed234257aae4b0416a7d1d5dfdc7784717d and contract address is: 0x46ed72d44f7cc35ff815a1c12e427dfe90ae5a94
Deploy

Bet on a contract
From address:
Private Key:
Contract Address:
Team:
Home
Bet

Display betting contract
Contract Address:
Find

图　7-3

现在用第二个账户押注主队，用第三个账户押注客队，界面如图 7-4 所示。

Matches

Deploy betting contract
From address:
0x7e96b4827056119575c18e127a3aeb901
Private Key:
0xf120383dfda5b9d9bd1a642f20fd653d2
Match ID:
123945
Bet Amount (in ether):
1
Transaction Hash: 0xf4e70b22c61cbd5485138b682af90ed234257aae4b0416a7d1d5dfdc7784717d and contract address is: 0x46ed72d44f7cc35ff815a1c12e427dfe90ae5a94
Deploy

Bet on a contract
From address:
0x57d2d9af2074ed21a35b2c7c63cab965
Private Key:
0xb0c9b292d78b5bdef56fe36eed7891d3
Contract Address:
0x46ed72d44f7cc35ff815a1c12e427dfe90
Team:
Away
Transaction Hash: 0x2cd5c759916ad7d02729dd1789687fd67e156436b36330628ba620893f8afcb4
Bet

Display betting contract
Contract Address:
Find

图　7-4

现在把合约地址输入第三张表，单击 Find 按钮查看合约细节，就会看到与图 7-5 所示类似的界面。

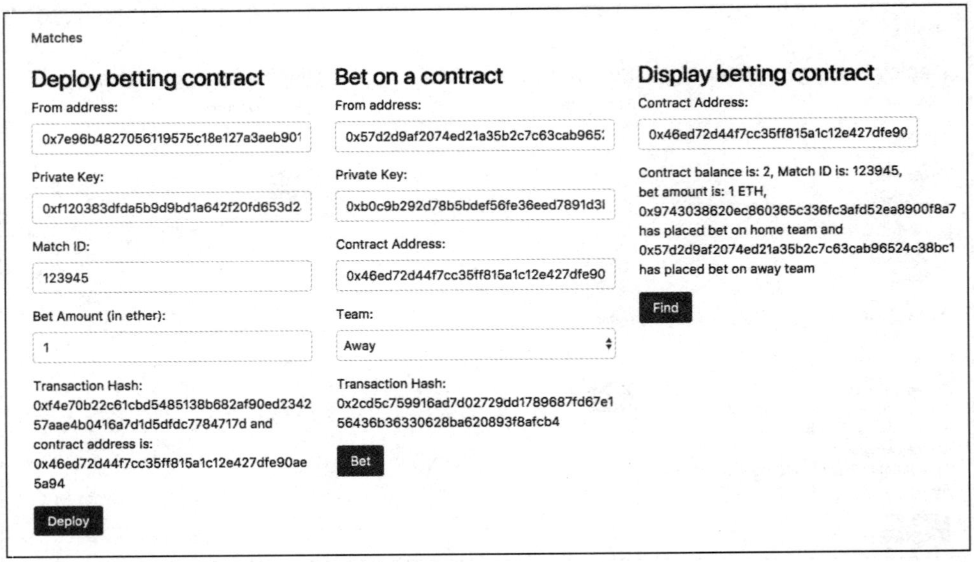

Matches

Deploy betting contract

From address:

0x7e96b4827056119575c18e127a3aeb901

Private Key:

0xf120383dfda5b9d9bd1a642f20fd653d2

Match ID:

123945

Bet Amount (in ether):

1

Transaction Hash: 0xf4e70b22c61cbd5485138b682af90ed234257aae4b0416a7d1d5dfdc7784717d and contract address is: 0x46ed72d44f7cc35ff815a1c12e427dfe90ae5a94

Deploy

Bet on a contract

From address:

0x57d2d9af2074ed21a35b2c7c63cab965:

Private Key:

0xb0c9b292d78b5bdef56fe36eed7891d3l

Contract Address:

0x46ed72d44f7cc35ff815a1c12e427dfe90

Team:

Away

Transaction Hash: 0x2cd5c759916ad7d02729dd1789687fd67e156436b36330628ba620893f8afcb4

Bet

Display betting contract

Contract Address:

0x46ed72d44f7cc35ff815a1c12e427dfe90

Contract balance is: 2, Match ID is: 123945, bet amount is: 1 ETH, 0x9743038620ec860365c336fc3afd52ea8900f8a7 has placed bet on home team and 0x57d2d9af2074ed21a35b2c7c63cab96524c38bc1 has placed bet on away team

Find

图 7-5

一旦挖出两个交易，再次审核合约细节，即可看到与图 7-6 所示类似的界面。

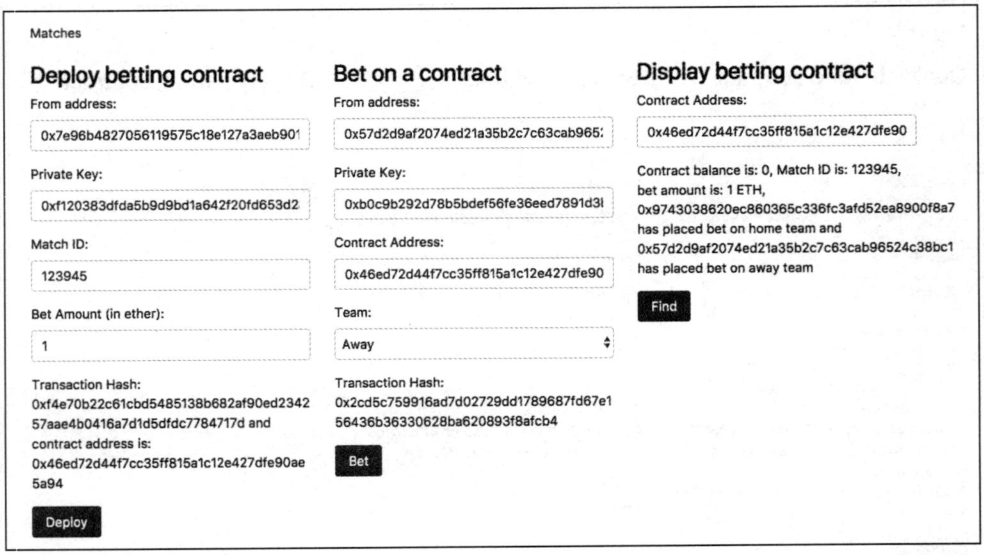

Matches

Deploy betting contract

From address:

0x7e96b4827056119575c18e127a3aeb901

Private Key:

0xf120383dfda5b9d9bd1a642f20fd653d2

Match ID:

123945

Bet Amount (in ether):

1

Transaction Hash: 0xf4e70b22c61cbd5485138b682af90ed234257aae4b0416a7d1d5dfdc7784717d and contract address is: 0x46ed72d44f7cc35ff815a1c12e427dfe90ae5a94

Deploy

Bet on a contract

From address:

0x57d2d9af2074ed21a35b2c7c63cab965:

Private Key:

0xb0c9b292d78b5bdef56fe36eed7891d3l

Contract Address:

0x46ed72d44f7cc35ff815a1c12e427dfe90

Team:

Away

Transaction Hash: 0x2cd5c759916ad7d02729dd1789687fd67e156436b36330628ba620893f8afcb4

Bet

Display betting contract

Contract Address:

0x46ed72d44f7cc35ff815a1c12e427dfe90

Contract balance is: 0, Match ID is: 123945, bet amount is: 1 ETH, 0x9743038620ec860365c336fc3afd52ea8900f8a7 has placed bet on home team and 0x57d2d9af2074ed21a35b2c7c63cab96524c38bc1 has placed bet on away team

Find

图 7-6

可以看到，合约没有任何以太币，以太币都被转到赌主队赢的账户里了。

7.5　总结

在本章中，我们深入学习了 Oracilze 和 strings 库，并用它们创建了一个去中心化的投注平台。用户可以继续根据需求自定义合约和客户端。为了改进应用，可以向合约添加事件，并在客户端上显示通知，以进一步理解去中心化投注应用的基本架构。

在下一章中，我们将通过创建一种加密货币学习如何使用 truffle 创建企业级以太坊智能合约。

Chapter 8 第 8 章

创建企业级智能合约

到目前为止，我们使用 Browser Solidity 编写和编译了 Solidity 代码，还用 web3.js 测试了合约。我们还可以使用 Solidity 在线 IDE 进行测试。这看起来都很好，因为我们仅仅编译了一个小合约，其中的引用（对其他合约的依赖）很少。随着所要创建的智能合约日趋宠大和复杂，再使用当前的过程就会在编译和测试上遇到问题。在本章中，我们将学习 truffle，它通过创建 altcoin 使创建企业级 DApp 变得容易。altcoin 是指除了比特币之外的所有加密货币都叫作代币。

本章将讲解如下内容：

- ethereumjs-testrpc 节点的概念及其使用方法。
- 事件主题（event topic）的概念。
- 使用 truffle-contract 包处理合约。
- 安装 truffle、探索 truffle 命令行工具和配置文件。
- 使用 truffle 编译、部署和测试 Solidity 代码。
- 通过 NPM 和 EthPM 进行包管理。
- 使用 truffle 操作台和编写外部脚本。
- 使用 truffle 为 DApp 创建客户端。

8.1 探索 ethereumjs-testrpc

ethereumjs-testrpc 是以 Node.js 为基础的以太坊节点，用于测试和开发。它模拟

"全节点"行为，并使以太坊应用开发更快速。它还包括所有流行的 RPC 函数和功能（例如事件），并可以确定性运行，使开发得更加容易。

它用 JavaScript 编写，是一个分布式 npm 包。在写本书时，ethereumjs-testrpc 的最新版本是 3.0.3，并要求 Node.js 版本最低达到 6.9.1 才能正常运行。

> ethereumjs-testrpc 把所有东西都存在内存里，因此，节点一旦重启，将丢失以前的状态。

8.1.1 安装和使用

模仿以太坊节点使用 ethereumjs-testrpc 的方式如下，每种方式都有用例。

1. testrpc 命令行应用

testrpc 命令用于模仿一个以太坊节点。要安装这个命令行应用，需要在全局安装 ethereumjs-testrpc：

```
npm install -g ethereumjs-testrpc
```

所提供的多个选项如下：

- -a 或者 --accounts。用于指定初始时生成的账户数量。
- -b 或者 --blocktime。自动挖矿的区块时间（以秒计算）。默认为 0，表示没有自动挖矿。
- -d 或者 --deterministic。只要节点在运行，就生成 10 个确定性地址。也就是说，一旦设置这个参数，每次都生成同一地址集。根据预定义的助记符，该选项还可用于生成确定性地址。
- -n 或者 --secure。默认锁定可用账户。如果在不使用 --unlock 选项的情况下使用这个选项，则不会创建 HD 钱包。
- -m 或者 --mnemonic。使用一个特定的 HD 钱包记忆法生成初始地址。
- -p 或者 --port。监听的端口号。默认为 8545。
- -h 或者 --hostname。监听的主机名。默认为节点的 server.listen() 缺省值。
- -s 或者 --seed。生成被使用的 HD 钱包助记符的任意数据。
- -g 或者 --gasPrice。使用自定义 gas 价格（默认为 1）。如果在向节点发送交易时没有提供 gas 价格，则使用这个 gas 价格。

- -l 或者 --gasLimit。使用自定义 gas 上限（默认为 0x47E7C4）。如果在向节点发送交易时没有提供 gas 上限，则使用这个 gas 上限。
- -f 或者 --fork。从另一个目前在特定区块运行的以太坊节点分叉。输入应该是 HTTP 位置和其他客户端的端口，例如 http://localhost：8545。也可以选择用 @ 符号区分区块和分叉，例如 http://localhost：8545@1599200。
- --debug。输出用于调试的 VM 操作码。
- --account。该选项用于导入账户。它指定 -- account =... 任意次数，传送任意私钥和相关余额以生成初始地址。Testrpc--account="privatekey,balance"[--account="privatekey,balance"] 。使用 --account 不会创建 HD 钱包。
- -u 或者 --unlock。它指定 --unlock ... 任意次数，传送地址或者账户索引以解锁特定账户。当与 --secure 一起使用时，--unlock 将重写指定账户的 locked 状态：testrpc --secure --unlock "0x1234..." --unlock"0xabcd..."。还可以指定一个数字，用索引解锁账户：testrpc --secure -u 0 -u 1。该函数还可以用于模仿账户和打开用户无法访问的地址。当用 --fork 功能时，可以使用 testrpc 作为区块链上的任何地址进行交易，这对于测试和动态分析非常有用。
- --networkId。用于指定节点所在的网络 ID。

注意，私钥有 64 字符长，必须作为以 0x 为前缀的十六位字符串输入。余额可以是整数或者以 0x 为前缀的十六位值，用于指明该账户中 wei 的数量。

2. 使用 ethereumjs-testrpc 作为 web3 提供方或者 HTTP 服务器

可以按照如下形式将 ethereumjs-testrpc 作为 web3 提供方使用：

```
var TestRPC = require("ethereumjs-testrpc");
web3.setProvider(TestRPC.provider());
```

可以按照如下形式将 ethereumjs-testrpc 作为普通的 HTTP 服务器使用：

```
var TestRPC = require("ethereumjs-testrpc");
var server = TestRPC.server();
server.listen(port, function(err, blockchain) {});
```

provider() 和 server() 都采用允许指定 ethereumjs-testrpc 行为的单一对象。该参数是可选项，可用选项如下：

- accounts。值是一个对象数组。每个对象应当有一个十六进制的余额密钥，还可以指明代表账户私钥的 secretKey。如果没有 secretKey，地址就由给定余额自动生成。如果指明了 secretKey，就用于决定账户地址。

- debug。输出用于调试的 VM 操作码。
- logger。值是一个实现 log() 函数的对象。
- mnemonic。使用一个特定的 HD 钱包助记符生成初始地址。
- port。运行时收听的服务器端口。
- seed。生成 HD 钱包助记符的任意数据。
- total_ accounts。初始时生成的账户数量。
- fork。与前面的 --fork 选项意义相同。
- network_id。与 --networkId 选项相同。用于指定该节点所在的网络 ID。
- time。第一个区块应当开始的日期。使用该功能及 evm_increaseTime 方法测试依赖于时间的代码。
- locked。指明账户是否默认锁定。
- unlocked_accounts。一个地址或者地址索引数组，用于指明哪个账户应当是解锁的。

8.1.2 可用 RPC 方法

ethereumjs-testrpc 可用的 RPC 方法列表如下：

- `eth_accounts`
- `eth_blockNumber`
- `eth_call`
- `eth_coinbase`
- `eth_compileSolidity`
- `eth_estimateGas`
- `eth_gasPrice`
- `eth_getBalance`
- `eth_getBlockByNumber`
- `eth_getBlockByHash`
- `eth_getBlockTransactionCountByHash`
- `eth_getBlockTransactionCountByNumber`
- `eth_getCode (only supports block number "latest")`
- `eth_getCompilers`
- `eth_getFilterChanges`
- `eth_getFilterLogs`
- `eth_getLogs`

- eth_getStorageAt
- eth_getTransactionByHash
- eth_getTransactionByBlockHashAndIndex
- eth_getTransactionByBlockNumberAndIndex
- eth_getTransactionCount
- eth_getTransactionReceipt
- eth_hashrate
- eth_mining
- eth_newBlockFilter
- eth_newFilter (includes log/event filters)
- eth_sendTransaction
- eth_sendRawTransaction
- eth_sign
- eth_syncing
- eth_uninstallFilter
- net_listening
- net_peerCount
- net_version
- miner_start
- miner_stop
- rpc_modules
- web3_clientVersion
- web3_sha3

还有一些特殊的、非标准的方法没有包括在最初的 RPC 规范中：

- ❑ evm_snapshot。snapshot 是区块链在当前区块的状态。它没有参数。返回创建的 snapshot 的整数 ID。
- ❑ evm_revert。把区块链状态回撤到上一个 snapshot。有一个参数，即要还原成的 snapshot ID。如果没有传送 snapshot ID，将回撤到最新的 snapshot。返回 true。
- ❑ evm_increaseTime。增加时间。有一个参数，即增加的时间量（以 s 为单位）。返回总的时间调整（以 s 为单位）。
- ❑ evm_mine。强制挖一个区块。没有参数。无论挖矿是否开始或者停止都挖区块。

8.2 什么是事件主题

主题是用来把事件索引化（index）的数值。没有主题，就不能搜索事件。只要调用一个事件，就生成一个默认主题（被视为事件的第一个主题）。一个事件最多可以有四个主题。主题总是按照相同顺序生成。可以使用一个或者多个主题检索事件。

第一个主题是事件签名。剩下三个主题是索引化的参数数值。如果参数是字符串、字节或者数组，则主题是它的 keccak-256 哈希。

下面通过一个例子来帮助读者理解主题的含义。假设有一个事件采用这个形式：

```
event ping(string indexed a, int indexed b, uint256 indexed c, string d,
int e);

//invocation of event
ping("Random String", 12, 23, "Random String", 45);
```

这里共生成如下四个主题：

- 0xb62a11697c0f56e93f3957c088d492b505b9edd7fb6e7872a93b41cdb2020644。这是第一个主题，它用 web3.sha3("ping(string,int256,uint256,string,int256)") 生成。可以看到所有类型都采用规范格式。
- 0x30ee7c926ebaf578d95b278d78bc0cde445887b0638870a26dcab901ba21d3f2。这是第二个主题，它用 web3.sha3（"RandomString"）生成。
- 第三个和第四个主题分别是 0x000000000000000000000000000000000000000000000000000000000000000c 和 0x0000000000000000000000000000000000000000000000000000000000000017，即以十六进制表示的数值。它们分别用 EthJS.Util.bufferToHex（EthJS.Util.setLengthLeft（12，32））和 EthJS.Util.bufferToHex（EthJS.Util.setLengthLeft（23，32））计算。

以太坊节点将在内部使用主题创建索引，这样很容易基于签名和索引化的数值找到事件。

假设想获取前面事件的事件调用，其中第一个实参是 Random String，第三个实参是 23 或者 78，则可以用 web3.eth.getFilter 找到它们：

```
var filter = web3.eth.filter({
   fromBlock: 0,
   toBlock: "latest",
   address: "0x853cdcb4af7a6995808308b08bb78a74de1ef899",
   topics:
["0xb62a11697c0f56e93f3957c088d492b505b9edd7fb6e7872a93b41cdb2020644",
```

```
"0x30ee7c926ebaf578d95b278d78bc0cde445887b0638870a26dcab901ba21d3f2", null,
[EthJS.Util.bufferToHex(EthJS.Util.setLengthLeft(23, 32)),
EthJS.Util.bufferToHex(EthJS.Util.setLengthLeft(78, 32))]]
});
filter.get(function(error, result){
 if (!error)
   console.log(result);
});
```

所以这里让节点从区块链返回0x853cdcb4af7a6995808308b08bb78a74de1ef899合约地址发出的全部事件，其第一个主题是0xb62a11697c0f56e93f3957c088d492b505b9edd7fb6e7872a93b41cdb2020644，第二个主题是0x30ee7c926ebaf578d95b278d78bc0cde445887b0638870a26dcab901ba21d3f2，第三个主题是0x0000000000000000000000000000000000000000000000000000000000000017或者0x000000000000000000000000000000000000000000000000000000000000004e。

在程序代码中，注意主题数组数值的顺序。顺序很重要。

8.3 开始使用truffle-contract

在学习truffle之前，学习truffle-contract很重要，因为truffle-contract与truffle密切相关。Truffle测试、truffle中与合约交互的代码、部署代码等都是使用truffle-contract编写的。

truffle-contract API是一个JavaScript和Node.js库，它使以太坊智能合约的处理变得容易。到目前为止，我们已经使用了web3.js部署和调用智能合约函数，这没问题，但是truffle-contract的目标是更容易操作以太坊智能合约。下面是truffle-contract的一些功能，这些功能使truffle-contract在处理智能合约时优于web3.js：

- 同步交易，优化了控制流（交易在直到确定被挖出之前都不会停止）。
- 基于约定的API。再没有“回调地狱”。在ES6和async/await上都可以用。
- 默认交易数值，例如from address或者gas。
- 返回每个同步的日志、交易收据和交易哈希。

在学习truffle-contract之前，需要知道它不允许使用存储以太坊节点之外的账户签署交易，也就是说，它没有类似于sendRawTransaction的东西。truffle-contract API假设DApp中的每个用户各自运行以太坊节点，且其账户都存储在那个节点中。

事实上，DApp 应该这样运行，因为如果 DApp 的每个客户端开始让用户创建和管理账户，那么用户管理这么多账户就成了问题。开发人员为他们创建的每个客户端每次都要开发一个钱包 manager 也是很痛苦的。现在的问题是客户端怎样才能知道用户在哪里以及用什么格式存储了账户。所以从概率角度出发，优选假设用户将账户存储在个人节点上，而且为了管理账户，它们使用以太坊钱包应用的东西。因为以太坊节点中存储的账户由以太坊节点自身签名，所以就不再需要 sendRawTransaction 了。每个用户需要有各自的节点，而不能分享节点，因为解锁一个账户时，对使用它的所有人都是开放的，这将使用户能盗窃其他人的以太币和用他人的账户进行交易。

如果所使用的 App 要求用户包含自己的节点，并在该节点中管理账户，那就需要确保只有本地应用才能对该节点进行 JSON-RPC 调用，而不能让所有人都能调用。还要确保用户不会长期解锁账户，只要不需要账户，就应当立即锁定。

如果应用要求有创建和签署原始交易功能，则可以使用 truffle-contract 开发和测试智能合约。在应用中可以与合约交互，就像我们之前做的。

8.3.1　安装和导入 truffle-contract

在写本书时，truffle-contract API 的最新版本是 1.1.10。在导入 truffle-contract 之前，需要先导入 web3.js，因为需要创建一个提供方处理 truffle-contract API，这样 truffle-contract 将内部使用该提供方进行 JSON-RPC 调用。

在 Node.js app 中安装 truffle-contract，只需在 app 目录中运行如下代码：

```
npm install truffle-contract
```

然后使用如下代码导入：

```
var TruffleContract = require("truffle-contract");
```

在浏览器中使用 truffle-contract 时，会在 https://github.com/trufflesuite/truffle-contract 仓库发现 dist 目录中的浏览器分配。

在 HTML 中，可以使用如下命令将它存入队列：

```
<script type="text/javascript" src="./dist/truffle-
contract.min.js"></script>
```

这样将会有一个可用的 TruffleContract 全局变量。

8.3.2 建立测试环境

在开始学习 truffle-contract API 之前，需要建立测试环境，这将有助于我们在学习的同时测试代码。

首先，运行 testrpc --networkId 10 命令，即运行代表 network ID 10 的 ethereumjs-testrpc 节点。出于开发目的，我们随机选取了 network ID 10，但是用户可以随意选择任何其他网络 ID。只需要确保不是 1，因为主网总是用于真实的 App，而不是用于开发和测试。

然后创建一个 HTML 文件，放入如下代码：

```
<!doctype html>
<html>
   <body>
         <script type="text/javascript" src="./web3.min.js"></script>
         <script type="text/javascript" src="./truffle-
            contract.min.js"></script>
         <script type="text/javascript">
              //place your code here
         </script>
   </body>
</html>
```

下载 web3.min.js 和 truffle-contract.min.js。truffle-contract 浏览器在 https://github.com/trufflesuite/truffle-contract/tree/master/dist 创建内容。

8.3.3 truffle-contract API

现在来看 truffle-contract API。基本上，truffle-contract 有两个 API，即合约抽象 API 和合约实例 API。合约抽象 API 代表关于合约（或者库）的多种信息，例如 ABI、未接入的字节码、在多个以太坊网络中的地址（如果合约已部署）、对于多个以太坊网络它所依赖的库地址（如果已部署）和合约事件。抽象 API 是对所有合约抽象都存在的一系列函数。合约实例代表一个特定网络中的已部署合约。实例 API 是对合约实例可用的 API。它是以 Solidity 源文件中的可用函数为基础动态创建的。特定合约的合约实例是从代表同一合约的合约抽象中创建的。

1. 合约抽象 API

合约抽象 API 是 truffle-contract 与 web3.js 的不同之处。其特点如下：

- 它将根据连接的网络自动抓取默认数值，例如库地址、合约地址等，因此用户不需要每次换网络时修改源代码。

- ❑ 可以选择只在特定网络中监听特定事件。
- ❑ 把库实时接入合约的字节码变得容易。在学习了如何使用 API 之后，用户会发现其他优点。

在学习如何创建合约抽象及其方法之前，先写一个样本合约（代表合约抽象）。示例样本合约的代码如下：

```
pragma Solidity ^0.4.0;

import "github.com/pipermerriam/ethereum-string-
utils/contracts/StringLib.sol";

contract Sample
{
    using StringLib for *;

    event ping(string status);

    function Sample()
    {
        uint a = 23;
        bytes32 b = a.uintToBytes();

        bytes32 c = "12";
        uint d = c.bytesToUInt();

        ping("Conversion Done");
    }
}
```

该合约使用 StringLib 库把 uint 转换成 bytes32，把 bytes32 转换成 uint。StringLib 在主网络上的 0xcca8353a18e7ab7b3d094ee1f9ddc91bdf2ca6a4 地址可用，但是在其他网络上，我们需要部署它以测试合约。在进行下一步操作之前，使用 Browser Solidity 编译它，因为将需要 ABI 和字节码。

现在创建一个代表 Sample 合约的合约抽象和 StringLib 库。相关代码如下，将此段代码放入 HTML 文件中：

```
var provider = new Web3.providers.HttpProvider("http://localhost:8545");
var web3 = new Web3(provider);

var SampleContract = TruffleContract({
   abi:
[{"inputs":[],"payable":false,"type":"constructor"},{"anonymous":false,"inp
uts":[{"indexed":false,"name":"status","type":"string"}],"name":"ping","typ
e":"event"}],
   unlinked_binary:
"6060604052341561000c57fe5b5b6000600060006000601793508373__StringLib__6394e
```

```
8767d909160006040516020015260405182 63ffffffff167c010000000000000000000000
0000000000000000000000000000000281526004018082815260200191505060206040518
083038186803b151561008b57fe5b60325a03f4151561009857fe5b50505060405180519050
92507f3132000000000000000000000000000000000000000000000000000000000091508
16000191673__StringLib__6381a33a6f909160006040516020015260405182 63ffffffff1
67c0100000000000000000000000000000000000000000000000000000002815260040180
8260001916600019168152602001915050602060405180830381868 03b151561014557fe5b6
0325a03f4151561015257fe5b505050604051805190509050 7f3adb191b3dee3c3ccbe8c657
275f608902f13e3a020028b12c0d825510439e56604051808060200182810382526 00f81526
02001807f436f6e76657273696f6e20446f6e6500000000000000000000000000000000081
525060200191505060405180910390a15b505050505b6033806101da6000396000f30060606
040525bfe00a165627a7a7230582056ebda5c1e4ba935e5ad61a271ce8d59c95e0e4bca4ad2
0e7f07d804801e95c60029",
   networks: {
         1: {
         links: {
       "StringLib": "0xcca8353a18e7ab7b3d094ee1f9ddc91bdf2ca6a4"
               },

        events: {
"0x3adb191b3dee3c3ccbe8c657275f608902f13e3a020028b12c0d825510439e56": {
                "anonymous": false,
                "inputs": [
                         {
                          "indexed": false,
                          "name": "status",
                          "type": "string"
                         }
                           ],
                           "name": "ping",
                           "type": "event"
                     }
               }
         },
         10: {
               events: {
"0x3adb191b3dee3c3ccbe8c657275f608902f13e3a020028b12c0d825510439e56": {
                           "anonymous": false,
                           "inputs": [
                                 {
                                       "indexed": false,
                                       "name": "status",
                                       "type": "string"
                                 }
                           ],
                           "name": "ping",
                           "type": "event"
                     }
               }
         }
   },
   contract_name: "SampleContract",
});
```

```
SampleContract.setProvider(provider);
SampleContract.detectNetwork();

SampleContract.defaults({
   from: web3.eth.accounts[0],
   gas: "900000",
   gasPrice: web3.eth.gasPrice,
})

var StringLib = TruffleContract({
   abi:
[{"constant":true,"inputs":[{"name":"v","type":"bytes32"}],"name":"bytesToU
Int","outputs":[{"name":"ret","type":"uint256"}],"payable":false,"type":"fu
nction"},{"constant":true,"inputs":[{"name":"v","type":"uint256"}],"name":"
uintToBytes","outputs":[{"name":"ret","type":"bytes32"}],"payable":false,"t
ype":"function"}],
   unlinked_binary:
"6060604052341561000c57fe5b5b6102178061001c6000396000f30060606040526000357c
0100000000000000000000000000000000000000000000000000000000900463ffffffff168
06381a33a6f1461004657806394e8767d14610076575bfe5b61006060048080356000191690
602001909190505061009aa565b60405180828152602001915050604051809103 90f35b61008
c6004808035906020019091905050610140565b604051808260001916600019168152602001
9150506040518091039 0f35b60006000600060006001028460001916141561 00c5576100005
65b600090505b602081101561013557 60ff81601f0360080260020a85600190048115156100
ed57fe5b04169150600082141561 00ff57610135565b6030821080610 10e5750603982115b1
5610118576100005 65b5b600a830292506030820383019 2505b808060010191505061 00ca56
5b8292505b5050919050565b60006000821415610173577f300000000000000000000000000
000000000000000000000000000000000000090506101e2565b5b6000821115610 1e1576101
008160019004811515610 18e57fe5b0460010290507f0100000000000000000000000000000
00000000000000000000000000000000006030600a848115156101c357fe5b060102600102 81
179050600a828115156101d957fe5b049150610174565b5b8090505b9190505600a165627a7
a72305820d2897c98df4e1a3a71aefc5c486aed29c47c80cfe77e38328ef5f4cb5efcf2f100
29",
   networks: {
        1: {
              address: "0xcca8353a18e7ab7b3d094ee1f9ddc91bdf2ca6a4"
        }
   },
   contract_name: "StringLib",
})


StringLib.setProvider(provider);
StringLib.detectNetwork();

StringLib.defaults({
   from: web3.eth.accounts[0],
   gas: "900000",
   gasPrice: web3.eth.gasPrice,
})
```

上述代码的执行过程如下：

1）创建一个 provider。truffle-contract 使用这个 provider 与节点通信。

2）为样本合约创建合约抽象。使用 Truffle-contract 函数创建合约抽象。该函数有一个对象，其中包含关于合约的多种信息。该对象可以被称为 artifacts 对象。abi 和 unlinked_binary 属性是必选项，其他属性是可选项。abi 属性指向合约的 ABI，而 unlinked_binary 属性指向合约的未链接的二进制代码。

3）network 属性表示不同网络中的合约涉及的各种信息。这里，在 network ID 1 中，StringLib 相关程序被部署在 0xcca8353a18e7ab7b3d094ee1f9ddc91bdf2ca6a4 地址，所以在网络 1 部署样本合约时，它会自动连接。在 networks 对象下面还可以设置 address 属性，表示该合约已经被部署到这个网络，这就是合约地址。在 networks 对象中还有一个 events 对象，用于指明想获取的合约事件。events 对象的 key 是事件主题，value 是事件的 ABI。

4）通过传送一个新的 provider 实例调用 SampleContract 对象的 setProvider 方法。这是一种传送 provider 的方式，这样 truffle-contract 就能与该节点通信。truffle-contract API 无法在全局设置 provider，反而需要为每个合约抽象设置一个 provider。该功能允许用户轻松接入多个网络并在其中工作。

5）调用 SampleContract 对象的 detectNetwork 方法。这是设置合约抽象当前代表的网络 ID 的一种方式。也就是说，在对合约抽象进行全部操作期间，使用被映射到该网络 ID 的数值。该方法将自动检测节点连接到了哪个网络 ID，并将自动设置这一网络 ID。如果想手动设置网络 ID 或者实时修改，可以使用 SampleContract.setNetwork（network_id）。如果修改网络 ID，就要确保 provider 还指向同一个网络的节点，否则 truffle-contract 不能用正确的链接、地址和事件映射网络 ID。

6）为 SampleContract() 生成的交易设置默认数值。该方法用于获取和设置（可选项）交易默认值。如果调用时不指定任何参数，则只返回一个表示当前默认值的对象；如果一个对象被作为参数传送，则将设置新的默认值。

7）为了创建合约抽象，对 StringLib 库进行同样的操作。

2. 创建合约实例

合约实例代表在特定网络中已部署的合约。要使用合约抽象实例，我们需要创建一个合约实例。创建合约实例的方法有如下 3 种：

- SampleContract.new([arg1，arg2，...]，[tx params])。该函数使用合约要求的任何 constructor 参数，并部署一个新的合约实例到合约抽象要用到的网络。最后一个实参是可选的，可以用它传送包括来自地址的交易、gas上限和gas价格在内的交易参数。该函数返回一个承诺，在挖出交易时，该承诺归结为新部署的地址上合约抽象的一个新实例。该方法不会对合约抽象代表的artifacts对象进行任何修改。在使用该方法前，确保它可以为要用到的网络发现字节码所依赖的库地址。

- SampleContract.at（address）。该函数用于创建合约抽象的一个新实例——代表传入的地址上的合约。它返回一个“thenable（则可能）”对象（对于反向兼容性来说还不是一个实际的承诺）。确保代码存在于所要用到的网络中的特定地址之后，该函数将解析一个合约抽象实例。
- SampleContract.deployed()。该函数和at()类似，但地址是从artifacts对象中检索的。像at()一样，deployed()是合理的。在确保代码存在于所要用到的网络中的特定地址之后，该函数将解析一个代表已部署的合约的合约实例。

下面部署合约并获取样本合约的实例。在network ID 10中，需要首先使用new()部署StringLib库，然后把StringLib库的已部署地址添加到StringLib抽象，再把StringLib抽象接入SampleContract抽象，最后使用new()部署样本合约以获取样本合约的一个实例。但是在network ID 1中，只需要部署SampleContract并获取其实例，因为已经在那里部署了StringLib。全部相关代码如下：

```
web3.version.getNetwork(function(err, network_id) {
   if(network_id == 1)
   {
         var SampleContract_Instance = null;

         SampleContract.new().then(function(instance){
               SampleContract.networks[SampleContract.network_id]
                  ["address"] = instance.address;
               SampleContract_Instance = instance;
         })
   }
   else if(network_id == 10)
   {
         var StringLib_Instance = null;
         var SampleContract_Instance = null;

         StringLib.new().then(function(instance){
               StringLib_Instance = instance;
         }).then(function(){
               StringLib.networks[StringLib.network_id] = {};
               StringLib.networks[StringLib.network_id]["address"] =
                 StringLib_Instance.address;
```

```
                SampleContract.link(StringLib);
            }).then(function(result){
                return SampleContract.new();
            }).then(function(instance){
                SampleContract.networks[SampleContract.network_id]
                  ["address"] = instance.address;
                SampleContract_Instance = instance;
            })
        }
    });
```

上述代码的执行过程如下：

1）检测网络 ID。如果网络 ID 是 10，则部署合约和库；如果网络 ID 是 1，则只部署合约。

2）在 network ID 10 中，部署 StringLib 合约并获取其合约实例。

3）更新 StringLib 抽象，这样就知道了它所代表的当前网络的合约地址。更新抽象的界面类似于直接更新 artifacts 对象。如果连接到 network ID 1，则将重写已经设置好的 StringLib 地址。

4）把已部署的 StringLib 接入 SampleContract 抽象。接入会更新链接，并把库里的事件复制到 SampleContract 抽象的当前网络。库可以被多次接入，并将重写它们之前的链接。

5）部署 SampleContract 到当前网络。

6）更新 SampleContract 抽象，以便在当前网络中存储合约地址，这样以后可以使用 deployed() 来获取实例。

7）在 network ID 1 中，只部署 SampleContract 即可。

8）这时可以修改节点连接的网络并重启应用，应用将相应做出修改。例如，在开发人员的机器上，应用将连接到开发网络；在生产服务端上，应用将连接到主网络。显然，用户可能不希望每次运行前面的文件都部署合约，所以实际上，只要合约被部署了，就可以更新 artifacts 对象，而且可以在代码中检查是否已经部署了合约。如果没有部署，只有这时部署它。在合约部署完成后，用户可以在数据库或者文件中存储 artifacts 对象并编写代码自动更新（而非手动更新）。

3. 合约实例 API

源 Solidity 合约不同，每个合约实例也是不同的，且 API 是动态创建的。下面是合约实例的不同 API：

- allEvents。这是一个合约实例函数，在当前网络 ID 下，当合约 artifacts 对象中匹配事件签名的合约引发一个事件时，就激活这个回调函数。用户还可以用 eventname-specific 函数抓取特定事件，而非所有事件。在前面的合约中，要抓取 ping 事件，可以使用 SampleContract_Instance.ping(function(e, r){})。
- send。该函数用于向合约发送以太币。它有两个实参：第一个实参是要转账的 wei 数量；第二个实参是可选项对象，该对象用于设置交易的 from，即发送以太币的地址。该调用返回一个承诺，且该承诺在挖出交易时解析交易细节。
- 可以使用 SampleContract.functionName() 或者 SampleContract. functionName.call() 调用合约的任何方法。前者发送交易，后者则只调用 EVM 上的方法，且修改并不持续。两种方法都返回一个承诺。在第一种情况下，承诺解析交易结果，也就是说，一个对象包含交易哈希、日志和交易收据。在第二种情况下，承诺解析方法调用的返回值。两种方法都有函数实参，且最后一个实参为可选项，它是一个设置交易的 from、gas 和 value 等的对象。

8.4 truffle 概述

truffle 是一种开发环境（提供编译、部署、测试和创建所用的命令行工具）、框架（提供多种包，使编写测试、部署代码、创建客户端等变得容易）和 asset pipeline（发布包以及使用其他人发布的包 ）。

8.4.1 安装 truffle

truffle 适用于 OS X、Linux 和 Windows。truffle 要求安装的 node.js 版本高于 5.0。在写本书时，truffle 的最新稳定版本是 3.1.2，我们将使用这个版本。安装 truffle 只需要运行如下命令：

```
npm install -g truffle
```

在实施进一步操作之前，确保在 network ID 10 上运行。理由如前所述。

8.4.2 初始化 truffle

首先需要为应用创建目录。把目录命名为 altcoin。在 altcoin 目录中，运行如下命令，初始化项目：

```
truffle init
```

初始化结束后，会得到一个包含如下项目的项目结构：

- contracts。truffle 将发现 Solidity 合约的目录。
- migrations。包含合约部署代码的文件所在的目录。
- test。用于检测智能合约的测试文件的位置。
- truffle.js。主要 truffle 配置文件。

truffle init 默认提供一系列样本合约（MetaCoin 和 ConvertLib）——相当于在以太坊之上的简单 altcoin。

MetaCoin（元币）智能合约的源代码如下（供参考）：

```
pragma Solidity ^0.4.4;

import "./ConvertLib.sol";

contract MetaCoin {
   mapping (address => uint) balances;

   event Transfer(address indexed _from, address indexed _to, uint256
_value);

   function MetaCoin() {
         balances[tx.origin] = 10000;
   }

   function sendCoin(address receiver, uint amount) returns(bool
sufficient) {
         if (balances[msg.sender] < amount) return false;
         balances[msg.sender] -= amount;
         balances[receiver] += amount;
         Transfer(msg.sender, receiver, amount);
         return true;
   }

   function getBalanceInEth(address addr) returns(uint){
         return ConvertLib.convert(getBalance(addr),2);
   }

   function getBalance(address addr) returns(uint) {
         return balances[addr];
   }
}
```

MetaCoin 向部署合约的账户地址分派 10 000 个元币。10 000 是存在的全部比特币总数。现在该用户可以用 sendCoin() 函数发送元币给任何人，可以随时用 getBalance() 查询账户余额。假设一个元币折合两个以太币，就可以用 getBalanceInEth() 得到以太币余额。

ConvertLib 库用于计算以太币中元币的数值。为了实现此目的，该库提供了 convert() 方法。

8.4.3　编译合约

在 truffle 中编译合约将产生带有 abi 和 unlinked_binary 属性的 artifact 对象。运行如下命令进行编译：

```
truffle compile
```

为了避免不必要的编译工作，truffle 只编译上次编译之后有变化的合约。如果想重写这个行为，用 --all 选项运行前面的命令。

用户会在 build/contracts 目录中发现 artifacts。可以根据需要任意编辑这些文件。在运行 compile 和 migrate 命令时，这些文件就被修改了。

在编译前，需要注意如下事项：

- truffle 期望合约文件定义与其文件名完全匹配的合约。例如，如果有一个文件叫作 MyContract.sol，那么合约文件须有合约 MyContract{} 或者 library myContract{}。
- 文件名匹配区分大小写，即大小写要一致。这意味着如果文件名没有大写，那么合约名也不应该大写。
- 可以使用 Solidity 的导入命令声明合约相关内容。truffle 将用正确的顺序编译合约，并在必要时自动接入库。必须指明相关内容与当前 Solidity 文件之间的关系，开头是“./”或者“../”。

truffle 3.1.2 版本使用编译器版本 0.4.8。ruffle 目前不支持更换编译器版本，所以是固定的。

8.4.4　配置文件

truffle.js 是用于配置项目的 JavaScript 文件。该文件可以执行为项目创建配置所需的任何代码。它必须导出一个代表项目配置的对象。文件默认内容如下：

```
module.exports = {
  networks: {
    development: {
      host: "localhost",
      port: 8545,
      network_id: "*" // Match any network id
    }
  }
};
```

该对象可以包含多种属性，但最基础的属性是 networks。该属性指明哪个网络对部署可用，以及与每个网络交互时的特定交易参数（例如 gasPrice、from、gas 等）。默认 gasPrice 是 100 000 000 000，gas 是 4712388，from 是以太坊客户端中的第一个可用合约。

可以随意指定网络数量。继续修改配置文件：

```
module.exports = {
  networks: {
    development: {
      host: "localhost",
      port: 8545,
      network_id: "10"
    },
    live: {
        host: "localhost",
      port: 8545,
      network_id: "1"
    }
  }
};
```

上述代码定义了 development 和 live 两个网络。

在 Windows 上使用 Prompt 命令时，默认配置文件名可能导致与可执行 truffle 的冲突。如果遇到这种情况，推荐使用 Windows PowerShell 或者 Git BASH，因为这些 shells 没有这种冲突。或者可以将配置文件重命名为 truffle-config.js，以避免冲突。

8.4.5 部署合约

即使是最小的项目，也将与至少两个区块链交互：一个在开发人员的机器上，例如 ethereumjs testrpc；另一个代表应用最终被部署到的网络，例如以太坊主网络或者私有联盟网络）。

因为合约抽象运行时自动检测网络，这意味着只需要部署应用或者前端一次。当应用运行时，正在运行的以太坊客户端将决定使用哪些 artifacts，这将使应用非常灵活。

如果 JavaScript 文件中包含向以太坊网络部署合约的代码，那么此类文件称为移植文件。这些文件负责分步骤部署任务，它们假定部署需求将随时间推进而改变——随着项目的推进，用户会创建新的 migrations 脚本以在区块链上继续。之前运行移植的历史通过一个特殊的 Migrations 合约记录在区块链上。如果用户已经看见合约内容和 build/contracts 目录，或许就已经注意到了 Migrations 合约。除了正常的编译或发布之外，不要修改这些合约。

1. 移植文件

在 migrations 目录中，文件名的前缀是数字，例如 1_initial_migration.js 和 2_deploy_contracts.js。前缀数字是为了记录移植是否能成功运行。

Migrations 合约在 last_completed_migration 中存储一个数字，该数字与 migrations 文件夹中最后应用的移植脚本相匹配。Migrations 合约总是第一个被部署。编号方式是 x_script_name.js，x 从 1 开始。应用合约一般从 2 开始。

这样，Migrations 合约中就存储了最后部署的应用脚本的序号，truffle 将不会再次运行这些脚本。另外，应用未来可能需要部署修改过的或新的合约。为此，需要创建一个新的脚本，其序号表示需要进行的步骤。待再次运行之后，它们将不会再次运行。

2. 编写移植文件

在移植文件的起始部分，用 artifacts.require() 方法告诉 truffle 想和哪个合约交互。该方法类似于节点的 require 方法，但是在这里，它专门返回一个可以在部署脚本的其他部分使用的合约抽象。

所有移植必须通过 module.exports 导出函数。每个移植导出的函数都应当用 deployer 对象作为第一个参数。该对象从两方面帮助部署：一是提供清晰的 API 部署智能合约，二是执行一些单调枯燥的任务，例如在 artifacts 文件中保存已部署的 artifacts 供今后使用、接入库等。deployer 对象是分阶段部署任务的主要界面。

deployer 对象的方法如下。所有方法都是同步的：

- deployer.deploy（contractAbstraction，args...，options）。部署合约抽象对象

指明的特定合约，采用可选 constructor 实参。这对于单一合约很有用，这样你的 DApp 合约中只有一个实例存在。这将在部署之后设置合约地址（即 artifacts 文件地址属性等同于新部署的地址），且将重写任何此前存储的地址。可以选择性地传送一个合约数组，或者多个数组中的一个，以加快多个合约的部署进程。此外，最后一个实参是一个可选对象，其中包含单一密钥 overwrite。如果 overwrite 设为 false，则 deployer 不部署合约（如果已经部署了一个合约）。该方法返回一个承诺。

- deployer.link（library，destinations）。将一个已经部署的库接入一个或者多个合约。destinations 实参可以是一个或者多个合约抽象的数组。如果目的地（destination）里的任何合约都不依赖于接入的库，deployer 就会忽略该合约。该方法返回一个承诺。
- deployer.then（function(){}）。用于运行任意部署步骤。在移植中，用该方法调用特定合约函数，添加、修改和重新组织合约数据。在回调函数中，使用合约抽象 API 部署和接入合约。

根据被部署网络的情况，可以有条件地分步骤部署。这样就要编写移植，以接收第二个参数 network。许多热门的库已经被部署到主网络中，因此在使用这些网络时，我们不会再次部署库，而只是接入它们。示例如下：

```
module.exports = function(deployer, network) {
  if (network != "live") {
   // Perform a different step otherwise.
  } else {
    // Do something specific to the network named "live".
  }
}
```

在项目中，有两个移植文件，即 1_initial_migration.js 和 2_deploy_contracts.js。不要修改第一个文件，但可以对第二个文件进行修改。2_deploy_contracts.js 文件的代码如下：

```
var ConvertLib = artifacts.require("./ConvertLib.sol");
var MetaCoin = artifacts.require("./MetaCoin.sol");

module.exports = function(deployer) {
  deployer.deploy(ConvertLib);
  deployer.link(ConvertLib, MetaCoin);
  deployer.deploy(MetaCoin);
};
```

这里，首先为 CovertLib 库和 MetaCoin 合约创建抽象。无论使用哪个网络，先部署 ConvertLib 库，然后把库接入 MetaCoin 网络，最后部署 MetaCoin 网络。

为了运行移植文件，即部署该合约，运行如下命令：

```
truffle migrate --network development
```

上述代码表明 truffle 在开发网络上运行移植。如果不提供 --network 选项，则默认使用名为 development 的网络。

在运行前面的命令之后，会发现 truffle 将在 artifacts 文件中自动更新 ConvertLib 库和 MetaCoin 合约地址，并更新链接。

下面是可以提供给 migrate 子命令的一些其他重要选项：

- --reset。从最初开始运行所有移植（而非从上一个移植结束之后开始运行）。
- -f number。从一个特定移植运行合约。

可以使用 truffle networks 命令实时在不同的网络中发现项目的合约地址和库。

8.4.6　单元测试合约

单元测试是一种应用测试类型。单元是一个应用的最小可测试部分，在单元测试过程中单元被单个独立地进行测试。单元测试可以手动操作，但是通常都用自动操作。

truffle 有一个单元测试框架，默认自动测试合约。在运行测试文件时，它提供一个干净的空间环境，也就是说，truffle 在每个测试文件开始将重新运行所有移植，以保证有一套全新的合约用于测试。

truffle 允许用两种不同的方式编写简单可管理的测试：

- 在 JavaScript 中，从客户端执行合约。
- 在 Solidity 中，从其他合约执行合约。

两种测试各有优缺点。我们将学习两种编写测试的方法。

所有测试文件都应置于 ./test 目录中。truffle 只运行扩展名为 .js、.es、.es6、.jsx 和 .sol 的测试文件。其他类型的文件都被忽略。

在运行自动测试时，ethereumjs-testrpc 比其他客户端的速度明显要快。此外，testrpc 有一个特殊功能，可以让 truffle 节省 90% 的测试运行时间。推荐在常规开发和测试中使用 testrpc；在现场或者生产网络中部署时，再次对 go-ethereum 或者另一个官方以太坊客户端运行测试。

1. 在 JavaScript 中编写测试

truffle 的 JavaScript 测试框架建立在 Mocha 之上。Mocha 是一个用来编写测试的 JavaScript 框架，chai 是一个 assertion（声明）库。

测试框架用于组织和执行测试，而 assertion 库提供验证对错的方式。assertion 库使测试代码变得容易，所以不必进行数千次 if 运算。大部分测试框架里没有 assertion 库，它们允许用户接入想接入的库。

> 在继续向下学习之前，需要学习如何用 Mocha 和 chai 写测试。学习 Mocha 请访问 https://mochajs.org/，学习 chai 请访问 http://chaijs.com/。

测试应当位于 ./test 目录中，并采用 .js 扩展名。

合约抽象是使 JavaScript 合约交互成为现实的基础。由于 truffle 不能检测到用户想在测试中与哪个合约交互，因此需要明确地询问这些合约。这就需要用到 artifacts.require() 方法。所以测试文件第一件要做的事就是为想测试的合约创建抽象。

然后，应当编写真实测试。从结构上看，应该与 Mocha 的测试基本保持不变。测试文件应当包含 Mocha 会认为是自动测试的代码。使 truffle 测试不同于 Mocha 的是 contract() 函数：该函数与 describe() 类似，除了它告诉 truffle 运行所有移植。contract() 函数的工作原理如下：

- 在运行每个 contract() 函数之前，合约被重新部署以运行以太坊节点，所以其中的测试都是在干净的合约状态下运行的。
- contract() 函数提供一个以太坊节点可用账户列表，可用于编写测试。

> 由于 truffle 在后台使用 Mocha，在不需要 truffle 功能时，还可以使用 describe() 运行正常的 Mocha 测试。

下面是 truffle 生成的，用于测试 MetaCoin 合约的默认测试代码。metacoin.js 文件中的代码如下：

```
// Specifically request an abstraction for MetaCoin.sol
var MetaCoin = artifacts.require("./MetaCoin.sol");

contract('MetaCoin', function(accounts) {
  it("should put 10000 MetaCoin in the first account", function() {
    return MetaCoin.deployed().then(function(instance) {
      return instance.getBalance.call(accounts[0]);
    }).then(function(balance) {
```

```
      assert.equal(balance.valueOf(), 10000, "10000 wasn't in the first
account");
    });
  });
  it("should send coin correctly", function() {
    var meta;

    // Get initial balances of first and second account.
    var account_one = accounts[0];
    var account_two = accounts[1];

    var account_one_starting_balance;
    var account_two_starting_balance;
    var account_one_ending_balance;
    var account_two_ending_balance;

    var amount = 10;

    return MetaCoin.deployed().then(function(instance) {
      meta = instance;
      return meta.getBalance.call(account_one);
    }).then(function(balance) {
      account_one_starting_balance = balance.toNumber();
      return meta.getBalance.call(account_two);
    }).then(function(balance) {
      account_two_starting_balance = balance.toNumber();
      return meta.sendCoin(account_two, amount, {from: account_one});
    }).then(function() {
      return meta.getBalance.call(account_one);
    }).then(function(balance) {
      account_one_ending_balance = balance.toNumber();
      return meta.getBalance.call(account_two);
    }).then(function(balance) {
      account_two_ending_balance = balance.toNumber();

      assert.equal(account_one_ending_balance, account_one_starting_balance
- amount, "Amount wasn't correctly taken from the sender");
      assert.equal(account_two_ending_balance, account_two_starting_balance
+ amount, "Amount wasn't correctly sent to the receiver");
    });
  });
});
```

在上述程序代码中，所有合约的交互代码都是使用 truffle-contract 库编写的。

最后，truffle 允许访问 Mocha 的配置，所以可以修改 Mocha 的行为。Mocha 的配置在 truffle.js 文件的导出对象中被放在 Mocha 属性之下，例如：

```
mocha: {
  useColors: true
}
```

2. 在 Solidity 中编写测试

Solidity 测试代码在 .sol 文件中。使用 Solidity 写测试之前需要注意如下事项：

- Solidity 测试不能扩展自任何合约。这让测试尽可能小，用户还能完全控制自己编写的合约。
- truffle 提供一个默认的 assertion 库，但是可以根据需要随时修改这个库。
- 可以对任意以太坊客户端运行 Solidity 测试。

为了学习如何在 Solidity 中编写测试，让我们看看 truffle 生成的默认 Solidity 测试代码。TestMetacoin.sol 文件的代码如下：

```
pragma Solidity ^0.4.2;

import "truffle/Assert.sol";
import "truffle/DeployedAddresses.sol";
import "../contracts/MetaCoin.sol";

contract TestMetacoin {
  function testInitialBalanceUsingDeployedContract() {
    MetaCoin meta = MetaCoin(DeployedAddresses.MetaCoin());

    uint expected = 10000;

    Assert.equal(meta.getBalance(tx.origin), expected, "Owner should have
10000 MetaCoin initially");
  }

  function testInitialBalanceWithNewMetaCoin() {
    MetaCoin meta = new MetaCoin();

    uint expected = 10000;

    Assert.equal(meta.getBalance(tx.origin), expected, "Owner should have
10000 MetaCoin initially");
  }

}
```

上述代码的执行过程如下：

- truffle/Assert.sol 库提供 Assert.equal() 等 Assertion 函数。这是默认的 assertion 库，然而只要库与 truffle 测试运行者松散地整合，就可以触发正确的 assertion 事件，包括自己的 assertion 库。Assertion 函数触发事件，并由 truffle 捕获，进而显示信息。这就是 truffle 中的 Solidity assertion 库的架构。可在 Assert.sol 中发现所有现有的 Assertion 函数（https://github.com/ConsenSys/truffle/

blob/beta/lib/testing/Assert.sol）。

- 在导入路径 truffle/Assert.sol 中，truffle 是包名。
- 已部署合约（即作为 migrations 一部分的部署合约）的地址在 truffle/DeployedAddresses.sol 库中都可用。这由 truffle 提供，且在运行每个测试程序组之前重新编译并重新接入。这个库用 DeployedAddresses.<contract name>() 的形式为所有已部署合约提供函数。这将返回一个地址，可用以访问合约。
- 为了使用已部署合约，必须将合约代码导入测试。在前面的例子里，注意导入“../contracts/MetaCoin.sol”。该导入与 ./test 目录中的测试合约有关，为了发现 MetaCoin 合约，它会超出测试目录。然后使用该合约把地址投射给 MetaCoin 类型。
- 所有测试合约开头都是 Test（使用大写 T）。这对合约和测试助手以及项目合约（即测试中的合约）进行了区分，让测试者知道哪个合约代表测试版。
- 像测试合约名一样，所有测试函数开头都是 test（使用小写 t）。每个测试函数都被当作单一交易按照出现在测试文件（例如你的 JavaScript 测试）中的顺序执行。truffle/Assert.sol 提供的 Assertion 函数触发事件，测试运行者评估以决定测试结果。Assertion 函数返回一个 Boolean，代表 assertion 的结果，可以用它从测试中提早返回，以防执行错误（即 testrpc 显示的错误）。
- 有许多测试钩（hook），参见下面的例子。这些钩包括 beforeAll、beforeEach、afterAll 和 afterEach，与 JavaScript 测试中 Mocha 提供的一样。在进行每个测试之前或之后，或者运行每个程序组之前或之后，可以使用这些钩进行设置和拆除。就像测试函数一样，每个钩都被当作单一交易执行。注意，一些复杂测试需要进行大量设置，可能会超过单一交易的 gas 上限。可以创建许多有不同后缀的钩，绕过这个限制。示例如下：

```
import "truffle/Assert.sol";

contract TestHooks {
  uint someValue;

  function beforeEach() {
    someValue = 5;
  }

  function beforeEachAgain() {
    someValue += 1;
  }
```

```
  function testSomeValueIsSix() {
    uint expected = 6;

    Assert.equal(someValue, expected, "someValue should have been 6");
  }
}
```

- 测试合约还显示 test 函数和 hook 函数均有同样的合约状态。可以在测试前建立合约数据，在测试中使用那些数据，随后重置它，以便为下一个测试做准备。注意，就像 JavaScript 测试一样，上一个测试函数的状态将延续到下一个测试函数。

truffle 无法直接测试出合约是否应当抛出异常（抛出异常的合约说明有预期的错误）。读者可自行查找解决方案。

如何向测试合约发送以太币

为了向测试合约发送以太币，在合约中应当有一个返回 uint 的公共函数，叫作 initialBalance。这可以直接被编写成函数或者公共变量。当测试合约被部署到网络中时，truffle 将从测试账户发送该数量的以太币到测试合约。在测试状态下，测试合约随后可以使用那些以太币设置演示以太币交互。注意，initialBalance 是可选项，而非必选项。例如：

```
import "truffle/Assert.sol";
import "truffle/DeployedAddresses.sol";
import "../contracts/MyContract.sol";

contract TestContract {
  // Truffle will send the TestContract one Ether after deploying the
contract.
  public uint initialBalance = 1 ether;

  function testInitialBalanceUsingDeployedContract() {
    MyContract myContract = MyContract(DeployedAddresses.MyContract());

    // perform an action which sends value to myContract, then assert.
    myContract.send(...);
  }

  function () {
    // This will NOT be executed when Ether is sent. o/
  }

}
```

truffle 用不执行回退函数的方式发送以太币到测试合约，所以仍然可以使用测试中的回退函数进行高级测试。

3. 运行测试

要运行测试脚本，请运行如下命令：

```
truffle test
```

或者，可以给想运行的特定文件指定一个路径。比如，

```
truffle test ./path/to/test/file.js
```

8.4.7　包管理

truffle 包（package）是智能合约及其 artifacts 的集合。一个包可以依赖于零个或者多个包，即使用包的智能合约和 artifacts。当使用自己项目的包时，在两个地方将会使用包的智能合约和 artifacts：项目的合约里；项目的 JavaScript 代码（移植和测试）里。

用 truffle 创建的项目默认有特定的布局，这使它们能够当作包使用。truffle 包中最重要的目录如下：

- /contracts。
- /build/contracts（由 truffle 创建）。

第一个目录是合约目录，其中包括原始 Solidity 合约；第二个目录是 /build/contracts 目录，其中以 .json 文件形式包含创建 artifact。

truffle 支持两种包构建：npm 和 ethpm 包。必须知道 npm 包是什么。先来看 ethpm 包是什么。ethpm 是以太坊的包注册中心。可以在 https://www.ethpm.com/ 发现所有 ethpm 包。它遵循 ERC190（https://github.com/ethereum/EIPs/issues/190）规范发布和使用智能合约包。

1. 通过 NPM 进行包管理

truffle 默认与 npm 进行整合，且知道项目 node_modules 目录（如果存在）。这意味着可以通过 npm 使用和分配合约或者库，使用户代码对其他人可用以及使其他人的代码对用户可用。还可以使项目中有一个 package.json 文件。可以在项目中简单安装任何 npm 包，并在任何 JavaScript 文件中导入它，但是只有在它包含前面提到的两个目录的情况下才会被称为 truffle 包。在 truffle 项目中安装 npm 包，与在任何

node.js app 中安装 npm 包相同。

2. 通过 ethpm 进行包管理

在安装 ethpm 包时，如果没有 installed_contracts 目录，就创建一个。该目录可以用类似于 node_modules 目录的方式处理。

从 ethpm 安装包几乎和通过 NPM 安装包一样简单，只要简单运行如下命令：

```
truffle install <package name>
```

还可以安装特定版本的包：

```
truffle install <package name>@<version>
```

就像 NPM 一样，ethpm 版本遵循语义版本。项目还可以定义一个 ethpm.json 文件，它对于 npm 包来说类似于 package.json。为了安装 ethpm.json 文件中列出的所有相关内容，运行如下代码：

```
truffle install
```

ethpm.json 文件的示例如下：

```
{
  "package_name": "adder",
  "version": "0.0.3",
  "description": "Simple contract to add two numbers",
  "authors": [
    "Tim Coulter <tim.coulter@consensys.net>"
  ],
  "keywords": [
    "ethereum",
    "addition"
  ],
  "dependencies": {
    "owned": "^0.0.1"
  },
  "license": "MIT"
}
```

为 truffle 创建和发布 npm 包的过程与创建任何其他 npm 包相同。学习如何创建和发布 ethpm 包，请访问 http://truffleframework.com/docs/getting_started/packages-ethpm#publishing-your-own-package。无论是否把包当作 npm 包或者 ethpm 包发布，都需要运行 truffle networks --clean 命令。运行该命令时，它会删除所有那些只匹配配置文件中 * 通配符的网络 ID 的 artifact。之所以这样做，是因为这些地址对于其他也使用这个包的项目来说是非法的，这些网络很有可能是私有的，因为它们只用于开发目的。除非你知道自己在做什么，否则不要忽略这个命令。它不能删除任何以常数形式出现的私有网络 artifact，所以需要手动删除。

3. 在合约中使用包的合约

为了在合约中使用包的合约，可以简单使用 Solidity 的导入语句。如果 import 路径不明确或者完全相关，它就告诉 truffle 从一个有特定名字的包中寻找一个文件。看看这个 example-truffle-library 的例子（https://github.com/ConsenSys/example-truffle-library）：

```
import "example-truffle-library/contracts/SimpleNameRegistry.sol";
```

由于路径的开头不是“./”，truffle 知道要在项目 node_modules 或者 installed_contracts 目录中寻找 example-truffle-library 文件夹，以提供所要求的合约的路径。

4. 在 JavaScript 代码中使用包的 artifact

如果在 JavaScript 代码中与一个包的 artifact 进行交互，仅需要包的 .json 文件，然后使用 truffle-contract 把它们转为可用抽象：

```
var contract = require("truffle-contract");
var data = require("example-truffle-
library/build/contracts/SimpleNameRegistry.json");
var SimpleNameRegistry = contract(data);
```

5. 在 Solidity 中访问已经部署 package 合约的地址

有时，用户可能希望合约与包之前部署的合约进行交互。由于部署的地址位于包的 .json 文件中，Solidity 代码不能直接读取文件内容。因此，要让 Solidity 代码访问 .json 文件中的地址，应通过在 Solidity 代码中定义函数设置相关合约地址，在部署合约之后，使用 JavaScript 调用那些函数设置相关合约地址。

所以，可以这样定义合约代码：

```
import "example-truffle-library/contracts/SimpleNameRegistry.sol";

contract MyContract {
  SimpleNameRegistry registry;
  address public owner;

  function MyContract {
    owner = msg.sender;
  }
```

```
  // Simple example that uses the deployed registry from the package.
  function getModule(bytes32 name) returns (address) {
    return registry.names(name);
  }

  // Set the registry if you're the owner.
  function setRegistry(address addr) {
    if (msg.sender != owner) throw;

    registry = SimpleNameRegistry(addr);
  }
}
```

移植应该看起来像这样：

```
var SimpleNameRegistry = artifacts.require("example-truffle-
library/contracts/SimpleNameRegistry.sol");

module.exports = function(deployer) {
  // Deploy our contract, then set the address of the registry.
  deployer.deploy(MyContract).then(function() {
    return MyContract.deployed();
  }).then(function(deployed) {
    return deployed.setRegistry(SimpleNameRegistry.address);
  });
};
```

8.4.8 使用 truffle 的操作台

有时，为了进行测试和调试，需要与合约进行直接交互或者手动执行交易。truffle 通过交互操作台提供了一个简便的办法——在其中合约可用且随时可用。

要打开操作台，请运行如下命令：

```
truffle console
```

操作台根据项目配置连接到一个以太坊节点。前面的命令还用 --network 选项指定要连接到的特定节点。

操作台的功能如下：

- 可以在操作台中运行命令。例如，可以在操作台中输入 migrate --reset，其效果与在操作台外运行 truffle migrate –reset 一样。
- 所有已编译合约都是可用的，且随时可用。
- 在每个命令（例如 migrate --reset）之后，合约被重新配置，所以可以立即开始使用新分配的地址和二进制。
- web3 对象可用，且连接到以太坊节点。

- 所有返回承诺的命令都将自动执行，并打印出结果，这样对于简单命令就不需要使用 .then() 了。例如，可以这样写代码：

```
MyContract.at("0xabcd...").getValue.call();
```

8.4.9　在 truffle 环境中运行外部脚本

用户可能经常想运行与自己合约交互的外部脚本。Truffle 提供了便捷的方式，基于用户想要的网络启动合约，并根据项目配置自动连接至以太坊节点。

要运行外部脚本，请执行如下命令：

```
truffle exec <path/to/file.js>
```

为了正确运行外部脚本，truffle 期望它们导出一个把单一参数作为回调函数的函数。用户可以在该脚本中做任何想做的事，只要脚本结束时会调用回调函数。回调函数接受 error（错误）作为第一个和唯一一个参数。如果出现 error，执行将停止，进程将返回一个非零退出代码。

外部脚本必须遵循如下结构：

```
module.exports = function(callback) {
  // perform actions
  callback();
}
```

8.4.10　truffle 的创建管线

介绍了用 truffle 编译、部署和测试智能合约的方法之后，现在来为 altcoin 创建一个客户端了。在了解如何用 truffle 创建客户端之前，需要知道，不允许我们使用在以太坊节点之外存储的账户签署交易，也就是说，它没有类似于 sendRawTransaction 的东西，理由与 truffle-contract 的理由相同。

用 truffle 创建客户端意味着首先在客户端源代码中整合 truffle 的 artifact，然后让客户端的源代码做好部署准备。

创建客户端需要运行如下命令：

```
truffle build
```

执行这条命令时，truffle 将检查如何通过检测项目配置文件中的 build 属性创建客户端。

1. 运行外部命令

可以用命令行工具创建客户端。如果 build 属性是一个字符串，truffle 就假定想运行一个命令去创建客户端，所以它把该字符串当作一个命令运行。给该命令提供足够环境变量，用这些变量与 truffle 整合。

可以让 truffle 运行一个命令行工具，以创建使用类似配置代码的客户端：

```
module.exports = {
  // This will run the &grave;webpack&grave; command on each build.
  //
  // The following environment variables will be set when running the
command:
  // WORKING_DIRECTORY: root location of the project
  // BUILD_DESTINATION_DIRECTORY: expected destination of built assets
  // BUILD_CONTRACTS_DIRECTORY: root location of your build contract files
(.sol.js)
  //
  build: "webpack"
}
```

2. 运行自定义函数

可以用一个 JavaScript 函数创建客户端。如果 build 属性是一个函数，只要想创建客户端，truffle 就会运行该函数。给该函数提供大量关于项目的信息，用这些信息与 truffle 整合。

可以让 truffle 运行一个函数，以创建使用类似配置代码的客户端：

```
module.exports = {
  build: function(options, callback) {
     // Do something when a build is required. &grave;options&grave;
contains these values:
     //
     // working_directory: root location of the project
     // contracts_directory: root directory of .sol files
     // destination_directory: directory where truffle expects the built
assets (important for &grave;truffle serve&grave;)
  }
}
```

还可以创建一个对象，其中包含一个和这里类似的创建方法。这对于想发布一个包来创建客户端的人来说实在太棒了！

3. truffle 的默认构建器

truffle 提供了 truffle-default-builder npm 包 —— 在 truffle 中称为默认构建器（default builder）。该构建器导出一个对象，该对象有一个 build 方法，它的工作方式

与之前提到的方法完全一样。

默认构建器可用于为 DApp 创建一个网络客户端，其服务端只服务于静态文件，所有功能都在前端。

在进一步了解如何使用默认构建器之前，首先用如下命令进行安装：

```
npm install truffle-default-builder --save
```

现将配置文件修改如下：

```
var DefaultBuilder = require("truffle-default-builder");

module.exports = {
  networks: {
    development: {
      host: "localhost",
      port: 8545,
      network_id: "10"
    },
    live: {
         host: "localhost",
      port: 8545,
      network_id: "1"
    }
  },
  build: new DefaultBuilder({
    "index.html": "index.html",
    "app.js": [
      "javascripts/index.js"
    ],
    "bootstrap.min.css": "stylesheets/bootstrap.min.css"
  })
};
```

默认构建器可使用户完全掌控组织客户端文件和文件夹的方法。

该配置用文件、文件夹和文件数组这些构成目标值（targets）的内容（右侧）描述目标值（左侧）。每个目标值将通过处理右侧的文件产生，要进行文件扩充、把结果连接在一起，然后保存结果文件（即目标值）到创建目的地。这里，字符串（而非数组）在右侧指明，且那个文件将被处理（如果有需要），然后被直接复制。如果字符串结尾是“/”，就被翻译为目录，不对该目录进行任何处理直接复制。右侧指明的所有路径都与 app/ 目录有关。

可以随时修改该配置和目录结构。比如不需要有 JavaScript 和 stylesheets 目录，但是请确保相应修改了配置。

如果希望默认构建器在 Web 应用前端整合 truffle，就要确保有一个创建目标（叫作 app.js），默认构建器可以对其附加代码。它不会将 truffle 与其他任何文件名整合。

默认构建器的功能如下：

- 自动将已编译合约 artifact、已部署合约信息和以太坊节点配置导入客户端源代码。
- 包括受推荐的相关程序，包括 web3 和 truffle-contract。
- 编译 ES6 和 JSX 文件。
- 编译 SASS 文件。
- 最小化 asset 文件。

可以使用 truffle watch 命令，监听合约目录、应用目录和配置文件的变化。如有变化，它就重新编译合约，并生成新的 artifact 文件，然后重新创建客户端。但是它不进行移植和测试。

4. 创建客户端

现在为 DApp 编写一个客户端，并使用 truffle 的默认构建器创建客户端。首先，在前面做好的配置中创建文件和目录：创建一个 app 目录，在里面创建一个 index.html 文件和两个目录（分别称为 JavaScript 和 styelsheets）。在 JavaScript 目录中，创建 index.js 文件。在 stylesheets 目录中，下载并放入 Bootstrap 4 的 CSS 文件。详见 https://v4-alpha.getbootstrap.com/getting-started/downloads/#bootstrap-css-and-js。

在 index.html 文件中，添加如下代码：

```
<!doctype html>
<html>
   <head>
         <link rel="stylesheet" type="text/css" href="bootstrap.min.css">
   </head>
   <body>
   <div class="container">
         <div class="row">
         <div class="col-md-6">
         <br>
         <h2>Send Metacoins</h2>
         <hr>
         <form id="sendForm">
         <div class="form-group">
```

```
            <label for="fromAddress">Select Account Address</label>
        <select class="form-control" id="fromAddress">
        </select>
        </div>
        <div class="form-group">
        <label for="amount">How much metacoin do you want to send?
        </label>
        <input type="text" class="form-control" id="amount">
        </div>
        <div class="form-group">
        <label for="toAddress">Enter the address to which you want to
          send matacoins</label>
        <input type="text" class="form-control" id="toAddress"
            placeholder="Prefixed with 0x">
        </div>
        <button type="submit" class="btn btn-primary">Submit</button>
        </form>
        </div>
        <div class="col-md-6">
        <br>
        <h2>Find Balance</h2>
        <hr>
        <form id="findBalanceForm">
        <div class="form-group">
            <label for="address">Select Account Address</label>
            <select class="form-control" id="address">
            </select>
        </div>
        <button type="submit" class="btn btn-primary">Check
           Balance</button>
        </form>
        </div>
        </div>
        </div>
        <script type="text/javascript" src="/app.js"></script>
    </body>
</html>
```

```
<!doctype html>
 <html>
     <head>
         <link rel="stylesheet" type="text/css" href="bootstrap.min.css">
     </head>
     <body>
         <div class="container">
             <div class="row">
                 <div class="col-md-6">
                     <br>
                     <h2>Send Metacoins</h2>
                     <hr>
                     <form id="sendForm">
                         <div class="form-group">
                             <label for="fromAddress">Select Account
```

```
Address</label>
                              <select class="form-control" id="fromAddress">
                              </select>
                            </div>
                            <div class="form-group">
                              <label for="amount">How much metacoin you want
to send?</label>
                              <input type="text" class="form-control"
id="amount">
                            </div>
                            <div class="form-group">
                              <label for="toAddress">Enter the address to
which you want to send matacoins</label>
                              <input type="text" class="form-control"
id="toAddress" placeholder="Prefixed with 0x">
                            </div>
                            <button type="submit" class="btn btn-
primary">Submit</button>
                        </form>
                    </div>
                    <div class="col-md-6">
                        <br>
                        <h2>Find Balance</h2>
                        <hr>
                        <form id="findBalanceForm">
                            <div class="form-group">
                              <label for="address">Select Account
Address</label>
                              <select class="form-control" id="address">
                              </select>
                            </div>
                            <button type="submit" class="btn btn-
primary">Check Balance</button>
                        </form>
                    </div>
                </div>
            </div>
            <script type="text/javascript" src="/app.js"></script>
        </body>
    </html>
```

在程序代码中，加载 bootstrap.min.css 和 app.js 文件。有两种形式：一种是发送 Metacoins 给一个不同的账户；另一种是查询账户中的 Metacoins 余额。在第一种形式中，用户必须选择一个账户，然后输入要发送的 Metacoin 数量和想要发送到的地址。在第二种形式中，用户只需要选择要查询 Metacoins 余额的账户地址。

在 index. js 文件中，添加如下代码：

```
window.addEventListener("load", function(){
   var accounts = web3.eth.accounts;
```

```
    var html = "";

    for(var count = 0; count < accounts.length; count++)
    {
          html = html + "<option>" + accounts[count] + "</option>";
    }

    document.getElementById("fromAddress").innerHTML = html;
    document.getElementById("address").innerHTML = html;

    MetaCoin.detectNetwork();
})

document.getElementById("sendForm").addEventListener("submit", function(e){
    e.preventDefault();

    MetaCoin.deployed().then(function(instance){
          return
instance.sendCoin(document.getElementById("toAddress").value,
document.getElementById("amount").value, {
                from:
document.getElementById("fromAddress").options[document.getElementById("fro
mAddress").selectedIndex].value
          });
    }).then(function(result){
          alert("Transaction mined successfully. Txn Hash: " + result.tx);
    }).catch(function(e){
          alert("An error occured");
    })
})

document.getElementById("findBalanceForm").addEventListener("submit",
function(e){
    e.preventDefault();

    MetaCoin.deployed().then(function(instance){
          return
instance.getBalance.call(document.getElementById("address").value);
    }).then(function(result){
          console.log(result);
          alert("Balance is: " + result.toString() + " metacoins");
    }).catch(function(e){
          alert("An error occured");
    })
})
```

上述代码的执行过程如下：

1）truffle-default-builder 使 artifacts 对象在 __contracts__ 全局对象下可用。

2）使可用的合约抽象对所有作为全局变量（变量名与合约名相应）的合约可用。

3）通过已经设置 provider 提供 web3 对象；为合约抽象设置 provider。还使 web3 对象连接到带名字开发的网络，如果不存在，则默认值是 http://localhost：8545。

4）在程序代码中，首先等待页面加载，加载后在连接的节点中检索账户列表，并在两张表中显示。还要调用 MetaCoin abstraction 的 detectNetwork() 方法。

5）设置两张表的 submit 事件触发器。它们两个都在提示栏显示结果。

6）当提交第一张表时，获得 MetaCoin 合约的部署实例，并用正确的实参调用 sendCoin 方法。

7）当提交第二张表时，在 EVM 中用调用 get Balance 方法检索被选择账户的余额，而非广播一个交易。

继续运行 truffle 创建命令，truffle 会在 build 目录中创建 index.html、app.js 和 bootstrap.min.css 文件，并在这些文件中放入客户端的最终部署代码。

8.4.11 truffle 的服务器端

truffle 有内置 Web 服务端。该服务端只服务于 build 目录中有正确的 MIME 类型集的文件。除此之外，它没有别的作用。

要运行 Web 服务端，请运行如下命令：

```
truffle serve
```

服务端默认在端口 8080 运行。但是可以使用 -p 选项来指定一个不同的端口。

类似于 truffle watch，该 Web 服务端还监听合约目录、应用目录和配置文件的变化。当有变化时，它重新编译合约并生成新的 artifact 文件，然后重新创建客户端。但是它不执行移植和测试。

由于 truffle-default-builder 把最终可部署代码放入创建目录中，因此只需运行 truffle serve 即可通过网络为文件提供服务。

下面测试 Web 客户端。访问 http://localhost：8080，会看到与图 8-1 类似的界面。

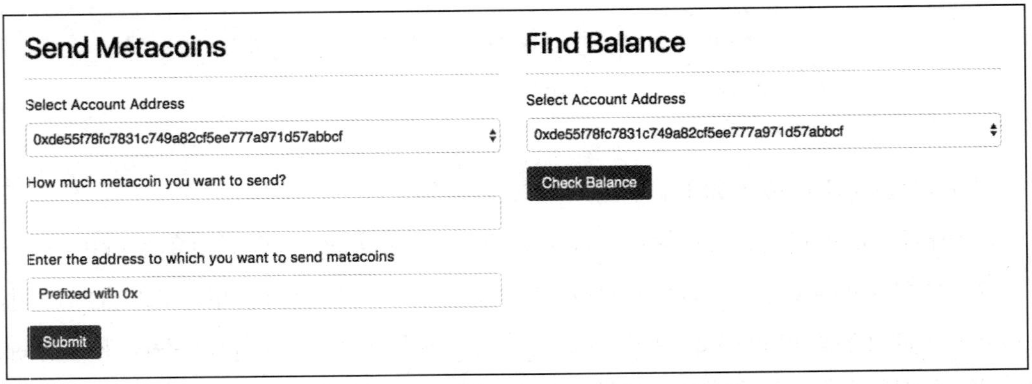

图 8-1

用户看到的选择框的账户地址各不相同。在部署合约时，合约把所有 metacoin 分配给部署合约的地址，所以第一个账户的余额为 10 000 个元币。现在从第一个账户发送 5 个 metacoin 到第二个账户，并按下 Submit 按钮，可以看到界面显示内容与图 8-2 所示的界面类似。

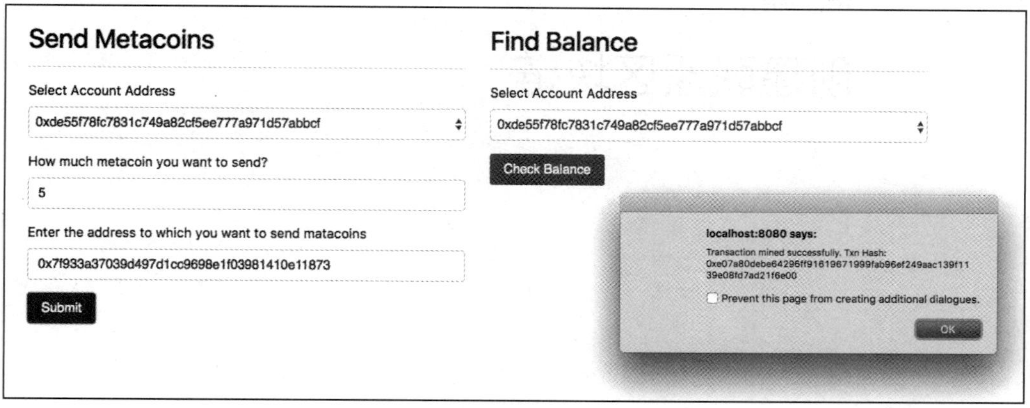

图　8-2

现在查询第二个账户的余额，选择第二张表选择框中的第二个账户，然后按下 Check Balance 按钮，可以看到界面显示内容与图 8-3 所示的界面类似。

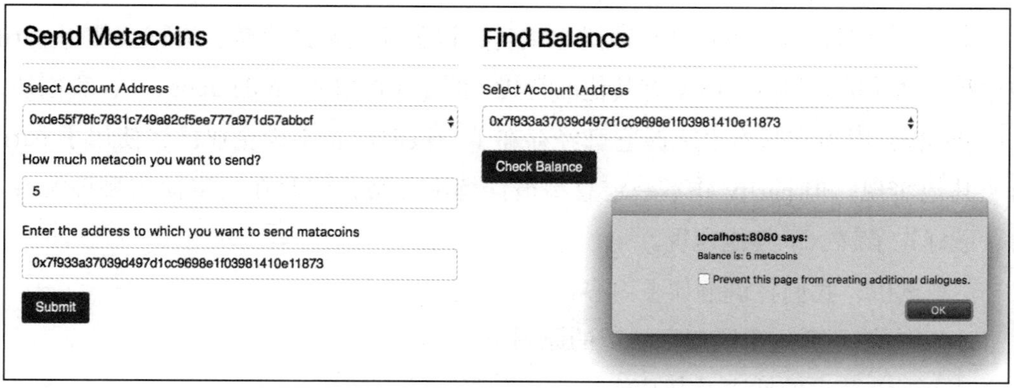

图　8-3

8.5　总结

在本章中，我们深入学习了如何用 truffle 创建 DApp 及其客户端，以及 truffle 如何使编写、编译、部署和测试 DApp 变得简便。其实，在转换客户端网络时使用 truffle-contract 很简单，不需要修改源代码。

Chapter 9 第9章

创建联盟区块链

联盟（通常指有多个参与者的联盟，例如银行、电子商务网站、政府部门、医院等）可以应用区块链技术解决诸多问题，并使解决过程更方便、解决费用更低。尽管人们知道区块链能够帮助他们，但需要明确的是以太坊区块链并不适用于所有情况。有一些区块链实现（例如 Hyperledger）是专门为联盟创建的。随着在本书中对以太坊的学习，我们将看到可以如何改进以太坊，以创建联盟区块链。本章会使用 parity 创建联盟区块链。尽管 parity 有其他的替代（例如 J.P. Morgan 的 quorum），我们还是选用 parity，因为在写本书之时它已经存在了一段时间，不少企业已经使用了 parity 而非其他实现。但 parity 并不一定总是最佳解决方案，因此在决定使用哪种实现之前，最好先了解一下其他实现。

在本章中，我们将讲解如下内容：

- 以太坊不适用于联盟区块链的原因。
- parity 节点的概念及其功能。
- 权威证明共识（Proof-of-Authority，PoA）协议的概念。parity 支持哪种类型的 PoA？
- Aura 共识协议的工作原理。
- 下载和安装 parity。
- 使用 parity 创建联盟区块链。

9.1　什么是联盟区块链

为了理解联盟区块链是什么，或者换句话说，联盟需要什么样的区块链实现，让我们先看一个例子。银行想创建一个区块链，以使转账更方便、快捷、便宜。那么，他们的需求如下：

1）速度。他们需要区块链网络能接近实时确认交易。目前，以太坊区块链网络区块时间为 12s，在确认交易之前客户端通常需要等待几分钟。

2）许可权限（permissioned）。他们希望区块链是有许可权限的。许可本身有多种含义。例如允许加入到网络中的许可、创建区块的许可、发送特定交易的许可等。

3）安全。PoW 对于私有网络还不够安全，因为只有一定数量的参与者，所以没有产生足够的算力保障其安全，所以需要一种能够使区块链安全、不可改变的共识协议。

4）隐私。尽管网络是私有的，在网络自身中还需要隐私。共有以下两种隐私。

①身份隐私。身份隐私使身份不可追踪。此前我们看到的获取身份隐私的方法是使用多个以太坊账户地址。但是如果使用多个以太坊账户，则智能合约不能通过所有验证，因为无法知道所有这些账户是否真的属于同一个用户。

②数据隐私。有时候，我们希望数据只对特定节点可见，而不是对网络中的所有节点可见。

总之，在本章中，我们将学习如何在以太坊中解决这些问题。

9.2　什么是权威证明共识

权威证明共识是一种区块链共识机制，达成共识的方式是引用一个验证器（validator，用于物理实体时被称为权威机构）列表。验证器是一群被允许加入共识的账户 / 节点，用于验证交易和区块。

与 PoW 或者 PoS 不同，这里不涉及挖矿机制。PoA 协议有多种类型，并且它们的工作原理各不相同。Hyperledger 和 Ripple 均基于 PoA。其中，Hyperledger 使用 PBFT，而 Ripple 使用一个迭代过程。

9.3　parity 概述

parity 是一个彻头彻尾的以太坊节点，其特点包括正确性 / 可验证性、模块化、低内存占用和高性能。它是用 Rust 编程语言编写的，Rust 是一种混合式的、面向对象的函数式语言的语言，注重效率，由 Parity Technologies 公司开发。在写本书时，parity 的最新版本是 1.7.0，我们将使用这个版本学习创建联盟区块链需要的内容。如要深入学习 parity，请参考官方文档。

parity 的功能比 go-ethereum 多，例如有 web3 DApp 浏览器和更先进的账户管理功能等。不过 parity 的特别之处在于它既支持 PoA，也支持 PoW。parity 目前支持 Aura 和 Tendermint PoA 协议，未来还可能支持更多的 PoA 协议。目前，parity 推荐使用 Aura，而不推荐 Tendermint，因为 Tendermint 仍处于开发阶段。

对于获得许可权限的区块链来说，Aura 是一个比 PoW 好得多的选择，因为它的区块时间更好，且在私有网络中提供了更好的安全性。

9.3.1 Aura 的工作原理

让我们从一定高度看看 Aura 是如何工作的。Aura 要求每个节点中都指明同样的验证器列表，这是参与共识的账户地址的列表。一个节点可能是验证节点，也可能不是验证节点，即使是验证节点，也需要有这个列表，这样它自己才能达成共识。

这个列表可以在创世文件中作为静态列表提供（如果验证器的列表永远保持不变），或者在智能合约中提供（这样它可以被动态更新且让每一个节点都知道它）。在智能合约中，对于谁可以添加新的验证器，可以设置不同的策略。

区块时间可以在创世文件中配置。用户可以自己决定区块时间。在私有网络中，低至 3s 的区块时间运行良好。在 Aura 中，每过 3s 就选择验证器中的一个，该验证器负责创建、验证、签署和广播区块。用户不需要深入理解实际的选择算法，因为这不会影响 DApp 开发。这是计算下一个验证器的公式：（UNIX_TIMESTAMP / BLOCK_TIME %NUMBER_OF_TOTAL_VALIDATORS）。选择算法很智能，它给所有人同等的机会。当其他节点接收一个区块时，它们要检查区块是否来自下一个合法的验证器；如果不是，就拒绝它。与 PoW 不同，验证器创建区块的时候，不能得到以太币回报。在 Aura 中，由用户决定在没有交易时是否生成空区块。

如果由于一些原因，下一个验证器节点创建和广播下一个区块失败了，情况会如何？让我们看一个例子：假设 A 是下一个区块（即第 5 个区块）的验证器，B 是第 6 个区块的验证器。假设区块时间是 5s。如果 A 广播区块失败，则 5s 之后轮到 B 广播区块。所以事实上不会发生什么要紧事，区块时间戳将揭示这些细节。

在 PoW 中两个矿工同时挖矿，最后网络是否有可能产生多个不同的区块链？是的，很多情况下都可能导致这样的结果。让我们看个例子来理解一种可能发生的情况以及网络自动解决冲突的方法。假设共有 5 个验证器：A、B、C、D 和 E。区块时间是 5s。假设 A 首先被选中并广播一个区块，但是由于一些原因区块没有到达 D 和 E，所以它们会认为 A 没有广播区块。现在假设选择算法选择 B 来生成下一个区块，则 B 将在 A 区块之上生成下一个区块并广播给所有的节点。D 和 E 将拒绝它，因为前一个区块哈希不匹配。由此，D 和 E 将形成一个不同的链，而 A、B 和 C 将形成一个不同的链。A、B 和 C 将拒绝来自 D 和 E 的区块，而 D 和 E 将拒绝来自 A、B 和 C 的区块。这个问题可以这样解决，假设定义来自 A、B 和 C 的区块比来自 D 和 E 的区块更准确，因此 D 和 E 将用 A、B 和 C 版本的区块链替换自己的区块链。两个版本的区块链有不同的准确分，第一个区块链的分数高于第二个。当 B 广播它的区块时，它还将提供其区块链评分，因为其分数高，D 和 E 就用 B 的区块链替换自己的区块链。这就是冲突的解决方法。区块链的分数使用（U128_max * BLOCK_NUMBER_OF_LATEST_BLOCK -（UNIX_TIMESTAMP_OF_LATEST_BLOCK / BLOCK_TIME)）计算。首先用长度评分（区块越多越好），对于有同样长度的链，选择最后一个区块比较旧的链。

如果更深入地学习 Aura，参见 https://github.com/paritytech/parity/wiki/Aura。

9.3.2 运行 parity

parity 需要安装 Rust 版本 1.16.0 才能创建。推荐通过 rustup 安装 Rust。

1. 安装 rust

如果还没有 rustup，可以按照如下方式进行安装。

（1）Linux

在以 Linux 为基础的操作系统上，运行如下命令：

```
curl https://sh.rustup.rs -sSf | sh
```

parity 还要求安装 gcc、g++、libssl-dev/openssl、libudev-dev 和 pkg-config 包。

（2）OS X

在 OS X 上，运行如下命令：

```
curl https://sh.rustup.rs -sSf | sh
```

parity 还要求安装 clang。clang 来自 Xcode 命令行工具，或者可以用 Homebrew 安装。

（3）Windows

确保安装可使用 C++ 的 Visual Studio 2015。下一步，从 https://static.rust-lang.org/rustup/dist/x86_64-pc-windows-msvc/rustupinit.exe 下载并运行 rustup 安装程序，启动 VS2015 x64 Native Tools Command Prompt，并使用下面的命令安装和建立 msvc 工具链：

```
rustup default stable-x86_64-pc-windows-msvc
```

2. 下载、安装和运行 parity

在操作系统上安装好 rust 之后，可以运行如下简单的在线命令安装 parity：

```
cargo install --git https://github.com/paritytech/parity.git parity
```

检测是否已经安装了 parity，运行如下命令：

```
parity --help
```

如果 parity 安装成功，就会看到一个子命令和选项列表。

9.3.3 创建私有网络

现在是时候建立联盟区块链了。使用 Aura 作为共识机制，创建两个彼此连接的验证节点。我们将在同一台计算机上建立这两个节点。

1. 创建账户

首先，打开两个 shell 窗口。第一个针对第一个验证器，第二个针对第二个验证器。第一个节点包含两个账户，第二个节点包含一个账户。第一个节点的第二个账户将被赋予一些初始以太币，这样网络将拥有一些以太币。

在第一个 shell 窗口中，运行如下命令两次：

```
parity account new -d ./validator0
```

两次都会要求输入密码。现阶段，在两个账户中输入相同的密码。

在第二个 shell 中窗口，运行如下命令一次：

```
parity account new  -d ./validator1
```

和刚才一样，输入密码。

2. 创建规范文件

每个网络的节点都分享一个通用规范文件（specification file）。该文件告诉节点关于创世区块、谁是验证器等信息。我们将创建一个智能合约，其中包含验证器列表。有两种类型的验证器合约：non-reporting 合约和 reporting 合约。我们只需要提供一个。

这两种验证器合约的区别是：non-reporting 合约只返回一个验证器列表；而 reporting 合约可以对善意（善意行为可能仅仅是不从一个给定的验证器接收区块）和恶意行为（恶意行为可能是在同一步骤释放两个不同的区块）采取行动。

non-reporting 合约至少应该有如下界面：

```
{"constant":true,"inputs":[],"name":"getValidators","outputs":[{"name":"","
type":"address[]"}],"payable":false,"type":"function"}
```

在每一个区块上调用 getValidators 函数，以决定当前列表。转换规则是由实现该方法的合约决定的。

reporting 合约至少应该有如下界面：

```
[
{"constant":true,"inputs":[],"name":"getValidators","outputs":[{"name":"","
type":"address[]"}],"payable":false,"type":"function"},
{"constant":false,"inputs":[{"name":"validator","type":"address"}],"name":"
reportMalicious","outputs":[],"payable":false,"type":"function"},
{"constant":false,"inputs":[{"name":"validator","type":"address"}],"name":"
reportBenign","outputs":[],"payable":false,"type":"function"}
]
```

当有善意或者恶意行为时，共识机器分别调用 reportBenign 和 reportMalicious 函数。

创建一个 reporting 合约的基本示例如下：

```
contract ReportingContract {
   address[] public validators =
[0x831647ec69be4ca44ea4bd1b9909debfbaaef55c,
0x12a6bda0d5f58538167b2efce5519e316863f9fd];
   mapping(address => uint) indices;
   address public disliked;

   function ReportingContract() {
       for (uint i = 0; i < validators.length; i++) {
           indices[validators[i]] = i;
       }
   }

   // Called on every block to update node validator list.
```

```
    function getValidators() constant returns (address[]) {
      return validators;
    }

    // Expand the list of validators.
    function addValidator(address validator) {
      validators.push(validator);
    }

    // Remove a validator from the list.
    function reportMalicious(address validator) {
      validators[indices[validator]] = validators[validators.length-1];
      delete indices[validator];
      delete validators[validators.length-1];
      validators.length--;
    }

    function reportBenign(address validator) {
       disliked = validator;
    }
}
```

该代码无须解释说明。确保在验证器中，数组用验证器 1 的第一个地址和验证器 2 的第一个地址代替这些地址，因为我们将使用那些地址进行验证。现在编译上述合约。

现在创建规范文件。创建一个叫作 spec.json 的文件，放入下面的代码：

```
{
    "name": "ethereum",
    "engine": {
        "authorityRound": {
            "params": {
               "gasLimitBoundDivisor": "0x400",
               "stepDuration": "5",
               "validators" : {
               "contract": "0x0000000000000000000000000000000000000005"
                }
            }
        }
    },
    "params": {
        "maximumExtraDataSize": "0x20",
        "minGasLimit": "0x1388",
        "networkID" : "0x2323"
    },
    "genesis": {
      "seal": {
       "authorityRound": {
         "step": "0x0",
```

```
            "signature": "0x0000000000000000000000000000000000000000
                00000000000000000000000000000000000000000000000000
                    000000000000000000000000000000000000"
                }
            },
            "difficulty": "0x20000",
            "gasLimit": "0x5B8D80"
        },
        "accounts": {
            "0x0000000000000000000000000000000000000001": { "balance": "1",
"builtin": { "name": "ecrecover", "pricing": { "linear": { "base": 3000,
"word": 0 } } } },
            "0x0000000000000000000000000000000000000002": { "balance": "1",
"builtin": { "name": "sha256", "pricing": { "linear": { "base": 60, "word":
12 } } } },
            "0x0000000000000000000000000000000000000003": { "balance": "1",
"builtin": { "name": "ripemd160", "pricing": { "linear": { "base": 600,
"word": 120 } } } },
            "0x0000000000000000000000000000000000000004": { "balance": "1",
"builtin": { "name": "identity", "pricing": { "linear": { "base": 15,
"word": 3 } } } },
            "0x0000000000000000000000000000000000000005": { "balance": "1",
"constructor" : "0x606060405260406040519081016040528073831647" },
            "0x004ec07d2329997267Ec62b4166639513386F32E": { "balance":
"10000000000000000000000" }
        }
}
```

上述程序代码的工作原理如下：

- engine 属性用于设置共识协议和协议具体参数。这里的 engine 是 authorityRound，也就是 aura。gasLimitBoundDivisor 决定 gas 上限调整，并有通常的以太坊值。在验证器属性中，有一个 contract 属性，即 reporting 合约的地址。stepDuration 是以秒为单位的区块时间。
- 在 params 属性中，只有网络 ID 才是关键；在所有的链中，其他属性都是标准的。
- genesis 属性对于 authorityRound 共识有一些标准数值。
- accounts 属性用于列出网络中存在的最初账户和合约。前四个是标准以太坊内置合约，使用 Solidity 合约编写语言应当包括这些。第五个是 reporting 合约。确保把字节码替换成 constructor 参数中的字节码。最后一个账户是在验证器 1 shell 生成的第二个账户。它的用途是向网络提供以太币。用户可以用自己的地址替换它。

在继续下一步操作之前，创建另一个文件 node.pwds，在其中放入所创建的账户的密码。该文件将被验证器用来解锁账户，签署区块。

3. 启动节点

现在已经具备各种条件启动验证节点了。在第一个 shell 窗口中，运行如下命令以启动第一个验证节点：

```
parity  --chain spec.json -d ./validator0 --force-sealing --engine-signer
"0x831647ec69be4ca44ea4bd1b9909debfbaaef55c" --port 30300 --jsonrpc-port
8540 --ui-port 8180 --dapps-port 8080 --ws-port 8546 --jsonrpc-apis
web3,eth,net,personal,parity,parity_set,traces,rpc,parity_accounts --
password "node.pwds"
```

上述命令的工作原理如下：

- --chain 用于指定规范文件的路径。
- -d 用于指定数据目录。
- --force-sealing 用于确保即使没有交易也产生区块。
- --engine-signer 用于指定节点签署区块时使用的地址，即验证器的地址。如果可能有恶意机构，则推荐用 --force-sealing，这将保证正确的链是最长的。确保把地址改为生成的那个地址，即在这个 shell 窗口生成的地址。
- --password 用于指定密码文件。

在第二个 shell 窗口中，运行如下命令以启动第二个验证节点：

```
parity  --chain spec.json -d ./validator1 --force-sealing --engine-signer
"0x12a6bda0d5f58538167b2efce5519e316863f9fd" --port 30301 --jsonrpc-port
8541 --ui-port 8181 --dapps-port 8081 --ws-port 8547 --jsonrpc-apis
web3,eth,net,personal,parity,parity_set,traces,rpc,parity_accounts --
password "/Users/narayanprusty/Desktop/node.pwds"
```

确保把地址修改为生成的那个地址，即在这个 shell 窗口生成的地址。

4. 连接节点

最后需要连接两个节点。打开一个新的 shell 窗口，运行如下命令，URL 会连接到第二个节点：

```
curl --data '{"jsonrpc":"2.0","method":"parity_enode","params":[],"id":0}'
-H "Content-Type: application/json" -X POST localhost:8541
```

将得到类似这样的输出：

```
{"jsonrpc":"2.0","result":"enode://7bac3c8cf914903904a408ecd71635966331990c
5c9f7c7a291b531d5912ac3b52e8b174994b93cab1bf14118c2f24a16f75c49e83b93e0864e
b099996ec1af9@[::0.0.1.0]:30301","id":0}
```

运行如下命令，把 URL 中的编码 URL 和 IP 地址修改为 127.0.0.1：

```
curl --data
'{"jsonrpc":"2.0","method":"parity_addReservedPeer","params":["enode://7ba.
.."],"id":0}' -H "Content-Type: application/json" -X POST localhost:8540
```

得到如下输出：

```
{"jsonrpc":"2.0","result":true,"id":0}
```

该节点应当表示操作台中的 0/1/25 peers，这意味着它们彼此没有连接。示意图如下：

```
2017-04-19 00:29:59  Imported #868 bc6f…dfa8 (0 txs, 0.00 Mgas, 0.57 ms, 0.56 KiB)
2017-04-19 00:30:04  Imported #869 080b…7964 (0 txs, 0.00 Mgas, 0.60 ms, 0.56 KiB)
2017-04-19 00:30:10  Imported #870 552c…4fd8 (0 txs, 0.00 Mgas, 0.51 ms, 0.56 KiB)
2017-04-19 00:30:15  Imported #871 2fed…27d4 (0 txs, 0.00 Mgas, 0.58 ms, 0.56 KiB)
2017-04-19 00:30:17     0/ 1/25 peers    309 KiB db   302 KiB chain   0 bytes queue   17 KiB
2017-04-19 00:30:19  Imported #872 834c…9d78 (0 txs, 0.00 Mgas, 0.49 ms, 0.56 KiB)
2017-04-19 00:30:25  Imported #873 62ee…6335 (0 txs, 0.00 Mgas, 0.48 ms, 0.56 KiB)
2017-04-19 00:30:29  Imported #874 8043…7a5d (0 txs, 0.00 Mgas, 0.51 ms, 0.56 KiB)
2017-04-19 00:30:35  Imported #875 9b7d…a9c9 (0 txs, 0.00 Mgas, 0.46 ms, 0.56 KiB)
2017-04-19 00:30:40  Imported #876 493b…9cc6 (0 txs, 0.00 Mgas, 0.65 ms, 0.56 KiB)
2017-04-19 00:30:45  Imported #877 a672…f06f (0 txs, 0.00 Mgas, 0.53 ms, 0.56 KiB)
2017-04-19 00:30:47     0/ 1/25 peers    311 KiB db   302 KiB chain   0 bytes queue   17 KiB
2017-04-19 00:30:49  Imported #878 cedf…1ee5 (0 txs, 0.00 Mgas, 0.47 ms, 0.56 KiB)
2017-04-19 00:30:55  Imported #879 4381…8fcc (0 txs, 0.00 Mgas, 0.58 ms, 0.56 KiB)
2017-04-19 00:30:59  Imported #880 b383…ef90 (0 txs, 0.00 Mgas, 0.53 ms, 0.56 KiB)
2017-04-19 00:31:05  Imported #881 25cf…aeeb (0 txs, 0.00 Mgas, 0.46 ms, 0.56 KiB)
2017-04-19 00:31:10  Imported #882 8dee…ca2c (0 txs, 0.00 Mgas, 0.53 ms, 0.56 KiB)
2017-04-19 00:31:15  Imported #883 770a…f85b (0 txs, 0.00 Mgas, 0.53 ms, 0.56 KiB)
```

9.3.4　许可和隐私

我们已经看到了 parity 是如何解决速度和安全问题的。parity 目前并不提供专门的许可和隐私功能。让我们看看如何在 parity 中实现许可和隐私：

1）**许可**。parity 网络可以配置每个节点的服务端，只允许特定的 IP 地址建立连接，由此实现许可，即决定谁能加入、谁不能加入。即使 IP 地址没有被拦截，为了连接到网络中的节点，新的节点也将需要一个 enode 地址，且这个地址是猜不到的。所以默认 parity 有基本保护。但是没有强制实施保护。网络中的每一个节点需要在其终端关注此事。可以通过智能合约进行类似许可，即决定谁能创建区块以及谁不能创建区块。目前还不能设定哪种交易节点可以发送。

2）**身份隐私**。通过允许所有权查询，有办法实现身份隐私。在设定所有权时，所有者需要指定一个非确定性的、不对称的加密公钥。当它想通过所有权查询时，将提供一个加密的普通文本，合约对其解码，并查看账户是否是所有者。合约应当确保不会检查同样的加密数据两次。

3）**数据隐私**。如果只是使用区块链存储数据，则可以使用对称的加密方式加密数据并存储，还可以与和人共享密钥。但是不能在加密数据上进行操作，如果需要在输入数据上进行操作，同时还想要保密，则各方需要建立一个完全不同的区块链网络。

9.4 总结

在本章中，我们学习了 parity 的使用方法、Aura 的工作原理以及一些在 parity 中实现许可和保密性的技巧。至此，读者应具备了用区块链创建一个概念证明（proof-of-concept）联盟的能力。读者可以继续探索其他创建联盟区块链的方式，例如 Hyperledger 1.0 和 quorum。目前，以太坊官方正在努力适用于联盟，感兴趣的读者可密切关注多种区块链信息源，以学习新知识。